Concorde rouge

JUDIKAEL HIREL

CONCORDE ROUGE

DANS LA PEAU D'UNE VICTIME D'AGRESSION

le cherche

Vous pouvez consulter notre catalogue général
et l'annonce de nos prochaines parutions sur notre site :
www.cherche-midi.com

92, avenue de France
75013 Paris

Conception graphique : Justine Dupré
Composition : Peter Vogelpoel
Dépôt légal : mai 2023
ISBN 978-2-7491-7491-4

« Je ne t'ai jamais dit, mais nous sommes immortels »

Alain Bashung

PROLOGUE

Ad Vitam

On vit, on court, on travaille. On croit que tout est sous contrôle. On ne pense jamais que tout peut s'arrêter. Moi aussi, je vivais, je courais, je travaillais. Comme tout le monde. Mais un 13 novembre, tout s'est arrêté. Quand on prend le métro, on ne se dit pas que l'on peut aussi y laisser sa peau. Il aurait suffi d'un coup de pied de plus pour que j'y laisse la mienne. Aujourd'hui, j'ouvre les yeux, je respire, je me lève. Je suis encore vivant. J'en ai rarement eu autant conscience qu'à présent. J'ai franchi le cap de la cinquantaine. Je vais pouvoir continuer de vieillir. Jamais je n'aurais cru en être heureux. Je suis devenu un survivant.

Je dois avouer qu'il ne se passe quasiment pas un jour sans que je repense à la réflexion pleine de bon sens de mon frère au lendemain de ma mésaventure souterraine : « Heureusement que ton agresseur n'avait pas un couteau. » Sur le moment, je n'y avais même pas songé, mais c'était vrai. J'aurais tout simplement pu y rester, d'un seul coup de lame, sur le sol grisâtre d'un couloir de métro interminable, en pleine heure de pointe, sans que nul ne s'arrête pour me venir en aide sur le chemin du retour du travail. Fin de l'histoire. Cela aurait fait pendant quelques minutes, quelques heures peut-être, un fait divers de plus. Quelques posts scandalisés sur les réseaux sociaux, une ou deux « stories » horrifiées en mode « Oh, le pauvre, il est mort ». Et puis les médias et Twitter seraient passés à autre chose. Mais pas ma famille. J'aurais eu de belles obsèques, j'en suis sûr, et le monde aurait continué de tourner sans moi. Mes proches auraient appris à vivre avec mon absence, se rappelant de temps à autre un dernier mot, un dernier moment ensemble. Ne pas les voir grandir, se marier, être heureux, avoir à leur tour des enfants. Tout cela pour quoi au fond ? Pour avoir fait ce qui devait l'être, ni plus, ni moins. On ne choisit jamais quand on va mourir, on n'imagine pas que l'on ne reviendra peut-être pas, à chaque fois que l'on part de chez soi. Car faire une mauvaise rencontre, cela ne tient vraiment à rien. À un mail de plus ou de moins auquel on répond avant de quitter le bureau. À une rame de métro que l'on prend ou que l'on rate, à la voiture dans laquelle on monte, à la place où l'on s'assoit, à la station où l'on descend. Autant de décisions inconscientes qui, à la longue, deviennent des habitudes, et finissent par vous amener à ce point précis de votre vie : celui où vous vous faites agresser, un 13 novembre au soir.

CHAPITRE 1

Un autre 13 novembre

Il y a eu un autre 13 novembre. En tout cas pour moi. Pas celui auquel vous penseriez spontanément. Pas celui du Bataclan ni des terrasses de café. Tout ne se vaut pas. Il ne faut pas confondre toutes les douleurs, toutes les blessures. J'ai été victime d'une agression, pas d'un attentat. Deux ans, jour pour jour, après cette nuit de mort à Paris. Décidément, certaines dates semblent marquées d'une pierre noire. Ma première vie a pris fin ce soir-là, quand j'ai emprunté un couloir de métro, pour ne jamais arriver au bout – en tout cas pas entièrement, et pas intact.

Je crois me souvenir que mon agresseur est monté dans la rame où je me trouvais, à la station La Motte-Piquet-Grenelle. C'est ce que je suppose, mais au fond cela n'intéresse que moi. Si on l'avait un tant soit peu recherché, c'est une information qui aurait peut-être pu être utile pour le « loger », savoir d'où il venait et où il est allé. Mais on ne l'a jamais retrouvé, et c'est sans doute mon seul regret : il peut toujours sévir en toute impunité. Je me souviens en tout cas de l'avoir vu là, debout, près de la porte de gauche du wagon, dans cette rame qui n'était guère bondée malgré l'heure. Impossible de ne pas le repérer dans ce wagon de la ligne 8, avec son teint blafard et sa tête d'homme de main russe tout droit échappé d'une série Z. Il avait franchement une gueule à se faire descendre par Keanu Reeves dans les cinq premières minutes d'un nouvel épisode de *John Wick*, avec son look de petite frappe des temps modernes. Il était habillé en noir de la tête aux pieds, entre blouson bomber, jean slim et grosses chaussures de chantier. Le tout avec des cheveux blonds taillés à 2 millimètres. Je pouvais encore moins rater la grande bouteille de bière en verre qu'il tenait à la main. Voilà qui aurait dû l'amener, dans un monde idéal, à se faire sortir du métro pour état d'ivresse par les agents de sécurité. Mais nous sommes à Paris, la ville des amoureux romantiques, le paradis des surmulots et des pickpockets, le nirvana des agresseurs des transports en commun. Alors, amis délinquants, aucun souci : que vous vous baladiez avec une bouteille à la main ou en état d'ébriété avancée, vous pourrez certainement passer la journée entière à bord des rames ou sur les quais de la RATP, sans risquer de vous faire interpeller.

Mon simili-skinhead ivre prenait sa correspondance à Concorde. Comme moi. Comme elle. Pas de chance. Car c'est elle, cette jeune femme, qui aura été avant tout, et surtout, la victime d'agression ce soir-là, et non moi. En sortant de la rame, je me rappelle que ce jeune homme a articulé difficilement quelque chose comme « Excusez-moi, je sors » d'un ton embrumé, imprégné d'un fort accent des pays de l'Est, en direction de passagers qui n'existaient que dans sa tête. En général, je repère assez rapidement les ennuis potentiels, que ce soit dans le métro ou ailleurs. J'y accorde même un peu trop d'attention, selon mes proches, et ma demi-parano ne s'est pas arrangée depuis, je dois l'avouer. Un reliquat de formation militaire, sans doute, et un reste d'attention développée au moment des attentats islamistes, quand il appartenait à chacun de veiller sur tous. Bien souvent, le casse-pieds du jour ne mérite pas plus qu'un regard en coin, et j'ai rarement eu à m'interposer entre un pénible et une victime en deux décennies d'usage intensif du métro parisien. Mais lui, dans la catégorie « Ennuis potentiels », il se classait d'emblée très haut. Bien sûr, tous les passants ivres que l'on croise à longueur de journée dans les rues et les transports en commun, quels que soient leur âge, leur origine ou leur couleur de peau, ne sont pas des dangers potentiels. Encore heureux… Ils sont déjà assez nombreux comme ça ! Bien souvent, au-delà de leur agitation et des invectives gratuites, ce n'est au fond qu'à eux-mêmes qu'ils s'en prennent. Mais je n'imaginais pas un instant le tournant que ma vie allait prendre ce soir-là, au cœur de Paris, en pleine heure de pointe, quelque part en sous-sol entre la ligne 8 et la ligne 1.

En homme pressé qui se respecte, j'étais monté dans le wagon de tête de cette rame de la ligne 8. Peut-être aurais-je mieux fait de le rater, ce métro. Mais on ne réécrit pas le passé. Il était un peu plus de 7 heures du soir d'un jour comme tant d'autres, hormis la date. J'avais fini ma journée derrière l'écran à transformer les mots en informations. C'était le même trajet que celui que j'avais déjà pris des milliers de fois. Une journée banale, ni plus ni moins. La dernière chose dont je me souvienne est d'être en train de glisser la main dans la poche avant droite de ma veste de pilote pour y chercher une carte de visite. Après avoir échangé quelques phrases avec ma voisine de couloir, j'étais sur le point de lui demander si ça allait, si elle souhaitait porter plainte. Et de lui laisser mon adresse mail au cas où elle le voudrait. Je n'en ai jamais eu l'occasion : deux secondes plus tard, j'étais inconscient, KO, couché sur le sol. Et finalement, c'est elle qui aura témoigné de ma propre agression. Je ne me souviens de rien, mais elle, elle a tout vu et tout vécu. Quelques minutes avant, c'était une parfaite inconnue. Quelques minutes après aussi, à vrai dire. J'ai d'abord su son nom, son prénom, son métier, avant de tout oublier, puis de le retrouver. Je dois le réviser régulièrement, comme si mon cerveau s'obstinait à ne pas vouloir imprimer ces quelques mots. Comme si j'avais voulu l'effacer de ma vie pour mieux disparaître de la sienne. Qu'elle oublie sa mauvaise rencontre en pleine heure de pointe ce soir-là en rentrant du travail, à se faire agresser sexuellement puis à me voir me faire exploser la tête à coups de bouteille, de poing et de pied, juste sous ses yeux. Inconsciemment, j'avais sans doute souhaité qu'elle ait tout oublié de ce soir-là, son agression comme la mienne. Même après, je voulais encore la protéger. Je m'en veux encore, je l'avoue, si elle s'est un seul instant sentie coupable de ce qui m'est arrivé.

Sincèrement, si vous passez par là un jour, vous pourrez le constater vous-même : l'escalier au bout du quai de la ligne 8, à Concorde, n'a rien de particulier. Il est grand, gris et banal, pas assez large pour l'heure de pointe, avec une vingtaine de marches un peu trop hautes pour les personnes âgées et les touristes tentant en vain de faire rouler leur valise. Quant aux poussettes et aux fauteuils handicapés, n'en parlons pas, ils sont depuis toujours *persona non grata* dans les couloirs du métro. Pourquoi diable voudriez-vous vous intéresser à un escalier du métro, à vrai dire ? Sauf déviance rare, passion secrète ou volonté d'écrire une thèse sur le sujet, les escaliers sont l'archétype du lieu qui n'existe pas vraiment. De ces endroits où l'on ne fait que passer sans jamais s'arrêter ni y faire attention. Ces non-lieux, comme les a jadis définis l'anthropologue Marc Augé, ces espaces fonctionnels standardisés et déshumanisés. J'ai appris depuis, à force d'être repassé par là des centaines de fois après ce soir-là, qu'il faut compter six pas pour l'atteindre depuis le milieu de la première rame de métro, cet escalier anonyme, avant d'attaquer les marches puis de tourner à droite pour attaquer le très long couloir qui court sous les bouchons permanents de la place de la Concorde.

Quand je pense que ma vie a changé du tout au tout dans ce petit espace de quelques mètres, autant dire rien du tout, je n'arrive pas à y croire, même à force de l'arpenter. Il ne faut vraiment pas grand-chose, et pas longtemps, pour passer du quotidien au spécial, voire au bizarre, pour entrer dans une sorte de monde parallèle, de réalité alternative. Tout le problème étant de parvenir, éventuellement, à en ressortir un jour, vivant et en bonne santé de préférence. Il suffit de quelques pas, quelques secondes, quelques mots, des décisions globalement inconscientes. S'arrêter là où tant d'autres poursuivront juste leur chemin sans remarquer, sans rien voir, ou bien sans rien vouloir voir.

Dans mon souvenir, plutôt brumeux, nous n'étions que trois à être descendus de cette rame de tête à la station Concorde. C'était bien peu pour l'heure de pointe, et c'est sûrement faux. D'autres passagers étaient sans aucun doute sortis derrière moi, sur ce quai. Mais comment faire la différence entre ce qui s'est passé et ce que mon cerveau a fini par réécrire à force de me rejouer en boucle le film de cette soirée ? Je ne sais plus très bien. Elle, lui et moi, juste nous, l'essentiel des acteurs de cette tragédie en sous-sol étaient de toute façon réunis, dans le respect des règles du théâtre classique : unité de lieu, de temps et d'action. « Qu'en un lieu, qu'en un jour, un seul fait accompli tienne jusqu'à la fin le théâtre rempli », avait jadis théorisé Nicolas Boileau. La pièce pouvait donc commencer… Elle était sans aucun doute belle, avec son teint mat, sa chevelure brune frisée et son look urbain, baskets, jean et blouson. Et alors ? Ce n'est pas le sujet, et ni une raison, ni une excuse. Toutes les femmes que l'on croise ne sont pas censées participer à un concours de beauté dont elles ne seraient même pas au courant de l'existence. Bien sûr, ne pas le reconnaître serait de la mauvaise foi : les Parisiennes ont comme un don pour parvenir à être élégantes avec un petit rien. C'est une étonnante alchimie vestimentaire doublée d'une façon unique de se mouvoir. Ce petit truc à part que toutes les femmes de la Terre, ou presque, cherchent en vain à reproduire. On appelle cela l'élégance naturelle, mais elle est aussi culturelle. Elle était donc sortie en tête du métro, du haut de ses 25 ans environ, ses écouteurs sur les oreilles. Elle rentrait tranquillement du travail, comme des centaines de milliers d'autres Franciliennes, sans rien demander à personne. Une passagère des transports en commun parisiens comme on en croise tant tous les jours. Juste une jeune femme qui espérait rentrer chez elle en paix. Mais apparemment, il était écrit que, ce soir-là, ce ne serait pas le cas. Lui était ivre, voire drogué, d'après ses yeux et le petit sachet plastique qui dépassait de la poche arrière de son jean. Et agressif. Il n'a pas tardé à le prouver. À quelques marches devant moi, ce jeune homme en état d'ivresse n'avait hélas que la main droite prise par sa bouteille de bière. Quant à ses yeux, ils étaient apparemment rivés sur ce qui se trouvait juste trois marches plus haut, à savoir les fesses de cette jeune passagère devant lui. Moi qui étais juste à quelques marches derrière lui, je me souviens de n'avoir eu aucun doute sur ce qu'il regardait. Et ensuite ? Cela aurait pu en rester là : un discret hommage du regard aux galbes harmonieux d'une Parisienne de passage. Qu'est-ce qui a pu se passer dans son esprit imbibé d'alcool à cette seconde précise ? Quel éclair de génie supposé a traversé ses rares neurones de petite frappe ? En général et en mots choisis, on appelle cela une main aux fesses. Un geste qui semble encore anodin aux yeux de certains. Pourtant, c'est tout sauf le cas. Et à ce degré d'insistance et de lourdeur dans le geste, il faudrait inventer un autre terme. D'ailleurs, il en existe un : une agression sexuelle. Bien sûr, même de nos jours, le fait de mettre la main aux fesses d'une femme fait sans doute encore rire ou sourire certains abrutis. Ils ont tort. Pas plus qu'une claque, un sifflet ou un commentaire lourd, ce geste n'a rien d'anodin. De quel droit un homme se permet-il de toucher une femme sans qu'elle l'y ait autorisé ? Et après ? Il y a toujours un premier pas quand on va dans la mauvaise direction. Que l'on soit député, client d'un bar ou usager du métro, quelle sera l'étape suivante ? Lui saisir le bras, la plaquer contre le mur, l'embrasser, la violer ? Tout peut arriver, y compris le pire, mais tout commence par un mauvais geste. Comme la claque, prémice de la violence dans le couple, même si certains politiques aimeraient ne pas le penser. Dans quel monde vit ce genre de personne pour ne pas voir dans l'inconnue qu'il croise celle qui pourrait être sa mère, sa sœur, sa fille ? Faut-il n'avoir jamais fréquenté une femme de toute sa vie pour croire ainsi, en plein Paris, que l'on peut la réduire à un simple corps dont on ferait l'usage de son choix ? Certes, je place sans aucun doute la gent féminine sur un piédestal qu'elle ne mérite pas toujours. Mais chez ce garçon venu du Far Est, l'instinct passait clairement avant l'éducation, les actes avant le respect. Et il me semble, hélas, que c'est de plus en plus courant. À quel moment ne lui a-t-on pas appris ce qui se fait ou non dans la vie? Quand a-t-il préféré choisir de ne respecter que ses propres règles, celles de la rue et de la nuit? Sans doute à force de se rendre compte qu'il n'y aurait au fond personne pour l'en empêcher. À mes yeux, ce genre de geste fait typiquement partie de ces choses non négociables dans la vie. De ces instants-clés, où il ne faut pas détourner le regard sous prétexte qu'il est l'heure de rentrer chez soi, que l'on ne sait au fond pas vraiment le pourquoi du comment d'une altercation, ou qu'il n'y a potentiellement que des mauvais coups à prendre. C'est le genre d'instant où l'on se retrouve face à soi-même, où l'on fait ce que l'on a à faire, sans même y réfléchir. Ce n'est pas une question de courage, mais de principes. Tout simplement.

Elle ne s'est pas laissé faire, pas une seule seconde. Elle a arraché ses écouteurs, entre colère et surprise, lâchant un « Non mais ça va pas » sonore en haut des marches, à peine quelques mètres devant moi. Lui a surjoué l'innocence, prétendant, par des gestes de bras trop amples et un ton lourd d'ironie et d'alcool, n'avoir rien fait. Pas besoin d'être devin pour imaginer comment tout cela allait finir. Comme cela avait commencé : mal. Ce n'était pas le genre à offrir des fleurs pour se faire pardonner. De la main aux fesses au poing dans la figure ou au coup de bouteille, il n'y avait qu'un pas, et j'ai tout de suite eu l'impression qu'on en approchait dangereusement. Alors je me suis arrêté, et je m'en suis mêlé. Aurais-je dû faire comme tous les autres passagers qui sont passés sans s'arrêter dans ce couloir de métro à ce moment-là ? M'écarter, contourner, poursuivre mon chemin, regarder ailleurs, faire comme si de rien n'était, presser le pas ? La question ne m'a même pas traversé l'esprit. La seule chose à faire était de s'interposer, calmement, pour ne pas faire monter le niveau d'agressivité, mais clairement. Détourner le prédateur de sa proie en lui en agitant une autre sous le nez. Après tout, dans *Jurassic Park*, cela marche très bien avec les raptors… À condition, bien sûr, de parvenir à leur échapper ensuite.

En y réfléchissant, j'aurais sans doute dû prendre discrètement une photo de lui. Cela aurait permis de l'identifier. C'est le genre de chose à faire vite et en mode selfie, si l'on veut garder son smartphone en un seul morceau. Il faut dire que je n'imaginais pas encore, à ce moment-là, la qualité pitoyable des images des caméras de surveillance de la RATP. À force de les voir partout sur les quais et dans les couloirs, on finit par se sentir rassuré, protégé. À tort.

Je crois bien, mais il faudrait que je le lui demande un jour si elle s'en souvient encore, que je me suis adressé à elle plutôt qu'à lui en premier, pour lui demander si elle allait bien, avant de dire à ce type qu'il savait très bien ce qu'il venait de faire. Son visage goguenard ne laissait aucun doute quant au fait qu'au fond tout cela l'amusait. Pour certains, agresser une femme relève sans doute du passe-temps. C'était exactement ce qu'il voulait : chercher la bagarre, trouver une victime. « Tu veux te battre ? » m'a-t-il immédiatement lancé, posant sa bouteille de bière au coin de ce couloir, à l'angle des marches de l'escalier de la ligne 8, et se mettant en garde tel un boxeur. Se battre dans le métro avec un type bourré ? Cela ne m'intéressait pas une seule seconde. Mon côté judoka, transmis par mon père, me souffle toujours qu'en venir à se battre est en soi déjà une défaite. Celle de ne pas être parvenu à l'éviter. Mais les règles du jeu ne sont pas les mêmes sur un tatami et au coin d'un couloir de métro. Et puis nous étions un 13 novembre au soir, et j'avais le blues. Sale journée, sales souvenirs, que l'on retrouve si bien dans le film *Novembre*, que je n'ai pas pu regarder sans pleurer. Cette nuit blanche passée sur l'ordinateur, chez moi, à transformer l'horreur en informations, les chaînes d'info en continu en bruit de fond, les images qui passent, les bilans qui tombent… C'est une nuit que, comme nous tous, j'aimerais ne jamais avoir vécue. Je me suis donc contenté d'un « Non, merci » et, je ne sais même plus comment, nous nous sommes éloignés, elle et moi, dans l'interminable couloir qui relie la ligne 8 à la ligne 1, station Concorde. Quelques secondes plus tard, il nous doublait d'un pas rapide en me traitant de différents qualificatifs que la décence et la lutte contre l'homophobie m'empêchent de reproduire ici. Je me souviens d'avoir dit dans ma barbe que ses affirmations quant à mes préférences sexuelles surprendraient beaucoup ma famille. C'était fini. Encore un lâche qui se dégonfle et part une fois qu'on lui a soustrait sa victime. Comme quelques autres avant lui. Du moins, c'était ce que je pensais, avant de me faire mettre KO. Je ne me rappelle rien, et c'est bien mieux ainsi. Je n'ai même jamais vu la vidéo de mon agression, mais me serais-je seulement reconnu ? On m'a expliqué ce qui s'était passé, et c'est bien suffisant : au lieu de poursuivre sa route, il s'était en réalité caché dans un couloir, avait mis sa capuche, histoire de se dissimuler le plus possible des caméras au plafond du couloir, et était revenu derrière moi. Sautant en l'air, il m'a alors asséné un violent coup de poing, puis de bouteille à la tête, m'explosant la tempe et m'assommant directement. Alors que j'étais inconscient au sol, il a continué à me frapper la tête et le visage à coups de pied, sous les yeux des passants dans le couloir. Personne n'est intervenu, hormis la jeune femme dont j'avais pris la défense peu avant et qui, par ses cris, a sûrement contribué à le faire cesser et à s'enfuir en courant. Sans cela, je serais certainement mort. Apparemment, quelques hommes au profil de rugbymen ont tenté de le rattraper avant qu'il ne sorte de la station, mais en vain. On ne l'a jamais ni identifié, ni retrouvé.

Je n'arrivais même pas à ouvrir les yeux, à entendre ou comprendre ce que l'on me disait. Les voix autour de moi étaient comme lointaines, étouffées. On me parlait, mais je ne comprenais pas un mot de ce que l'on me disait. J'étais assis, sonné, et je ne voyais quasiment rien. Qu'est-ce qui m'était arrivé ? Quelque chose de chaud coulait sur mon visage, qui ne s'arrêtait pas. Tout autour, le tunnel du métro semblait avoir rétréci. Le monde semblait être devenu sombre et étroit. J'avais un peu l'impression d'être Gandalf, le magicien du *Seigneur des Anneaux*, le roman de Tolkien, plongé dans un trou de Hobbit, bien trop petit pour lui. Mais non, c'était en fait l'inverse : c'était juste mon monde à moi qui avait soudainement rétréci, se mettant à l'échelle de ma douleur, me repliant sur moi-même, tel un bébé pour qui l'univers se limite à ce que ses doigts peuvent saisir. Les miens ne saisissaient rien, à ce moment-là. Autour de moi, mon univers semblait ne pas mesurer plus d'un mètre de large. Au-delà, tout était flou, sombre, hors de portée. Une sorte de néant au centre duquel j'étais assis par terre. En fait, je serais bien incapable de décrire quoi que ce soit de ce qui se trouvait autour de moi à ce moment précis. Je ne me souviens même pas qu'elle était là, elle, la jeune femme à qui j'avais porté assistance quelques minutes plus tôt à l'autre bout de ce couloir. Quelques minutes, mais en même temps une éternité, déjà dans une autre vie. Mes sens étaient aux abonnés absents. J'étais sans doute encore bien groggy, assis sur le sol. Je me suis appuyé comme j'ai pu contre le mur, me demandant bêtement où étaient mes sacs au lieu de me poser des questions sur mon état. Puis enfin, j'ai compris que c'était du sang qui coulait abondamment sur ma bouche, et qu'il venait de mon nez. Je n'avais que mon cheich bleu étoilé pour l'éponger. Une voix que je n'identifiais pas me disait « Asseyez-vous. Ça va ? », alors que je tentais de me relever. De toute façon, je n'en avais pas encore conscience, mais je n'en étais pas capable. Je ne sais même pas qui me parlait. C'est juste une voix dans ma mémoire, sans visage. « Prenez-vous en photo, pour la police, ça peut toujours servir », m'a glissé une autre voix bienveillante, en me parlant trop doucement, comme si j'étais idiot. Justement, je l'étais. Puis un homme moustachu sorti de nulle part, avec un fort accent anglais, m'a serré la main en me disant : « Vous êtes un héros. » Si vous le dites…

CHAPITRE 2

La jauge légale de la douleur

Sauf qu'un héros, ça ne sort pas du métro dans un fauteuil roulant, porté par deux sapeurs-pompiers. Combien de temps s'est-il écoulé, alors que j'étais assis là, par terre, à tenter d'arrêter le sang coulant de mon nez cassé ? Aucune idée. Je me rappelle à peine que deux agents de la RATP sont arrivés, suivis de deux policiers puis de deux sapeurs-pompiers. Pourquoi toujours par deux ? me suis-je demandé bêtement. Je me sentais déjà coupable de déranger autant de monde pour ma seule petite personne. En étant hissé dans le véhicule de secours, direction l'hôpital Saint-Antoine, je me souviens quand même d'avoir aperçu la jeune fille dont j'avais pris la défense quelques minutes avant – c'est tout.

Je ne me rappelle en revanche pas du tout le visage des pompiers qui m'ont pris en charge, juste leurs efforts pour ne pas me laisser tomber dans l'inconscience, me parlant sans cesse. Cela n'aura pas empêché mon portable de passer un appel de fond de poche bien stressant à mon ami Christian, qui se sera inquiété jusqu'au lendemain, se demandant ce qui avait bien pu m'arriver. Il finira par l'apprendre, comme tous mes amis et mes proches. Comme moi-même. La traversée de Paris jusqu'à l'hôpital Saint-Antoine m'aura en tout cas permis de vérifier deux choses : d'abord, qu'il existe encore des rues et des places pavées à Paris. Beaucoup plus que je ne l'aurais imaginé. Ensuite que les véhicules de secours de la Brigade de sapeurs-pompiers de Paris (BSPP) ont de très mauvaises suspensions. Rien de mieux que des os brisés qui s'entrechoquent sous votre peau pour le vérifier. Direction les urgences, cette véritable cour des miracles médicale. Leur état d'encombrement était déjà effrayant quand je les ai fréquentées il y a quelques années de cela. Il semble bien que, depuis, le manque de moyens n'ait fait que s'aggraver. Quand on y pense, comment un pays développé comme la France peut-il dépenser aussi mal autant d'argent au lieu de prendre soin de la santé de ses citoyens ? Les urgences, dont on nous a tant parlé durant la pandémie, sont en fait un monde parallèle dont on ne conçoit pas même l'existence. Il faut y avoir passé une nuit, et accessoirement y avoir survécu, pour comprendre à quel point le quotidien de ceux qui y travaillent peut se révéler infernal. Et l'itinéraire de ceux qui y finissent se révéler compliqué. Cela fait pourtant maintenant des décennies que le monde entier a été nourri en intraveineuse de séries américaines se passant dans des hôpitaux. Un imaginaire en rose et bleu entre l'adorable Patrick Dempsey en docteur Mamour et Docteur House, où des médecins autistes capables d'accomplir des prouesses irrationnelles croisent de belles doctoresses au grand cœur et au brushing impeccable, malgré les charlottes, ce qui confine au miracle capillaire. Sans oublier les infirmières amoureuses et les sauvetages insensés… À force, nous nous sommes tous bâti une image irréelle de l'hôpital. Celle d'un monde américain idéalisé, en réalité, tout comme les formes de l'équipe de sauvetage d'*Alerte à Malibu* n'avaient strictement rien à voir avec la silhouette de l'Américaine moyenne. Comme ils sont loin, les appels mièvres mais mérités à applaudir la « première ligne » à 20 heures. La crise du Covid aura tout de même fait office de révélateur, mettant sous le feu des projecteurs un système de santé à fleur de peau, dévoré vivant par l'administration, rendu ingérable par les trente-cinq heures et le manque de moyens humains et matériels. Heureusement, il reste encore et toujours des professionnels compétents, accueillants, et qui s'en sortent malgré ce bricolage permanent mettant à contribution une armée d'étudiants stagiaires, souvent affectés à des tâches qui ne devraient pas leur revenir. Et qui en décourage sans doute tellement d'aller au bout de leur vocation.

Loin du glamour et des rebondissements des feuilletons américains, les urgences sont en fait une des portes des enfers. Un des reflets de la situation de notre société. Soir après soir, jour après jour, il y déferle en permanence un flux ininterrompu de patients et de victimes, dont bon nombre n'ont sans doute rien à faire là en réalité. Quant à vos proches, sauf cas rare, ils n'auront en revanche pas le droit d'entrer, ce qui complique quand même pas mal l'exercice consistant à les informer et les rassurer. Quand j'y ai été transporté, nous étions encore bien loin d'avoir entendu parler de la moindre pandémie. Sibeth Ndiaye n'avait pas encore fait son apparition pour nous apprendre comment mal porter un masque. Olivier Véran n'avait pas encore appris par cœur ses éléments de langage pondus par des professionnels de la communication nudge, faite de mots-clés et de lignes de fracture. Ni Covid ni pandémie, tout était encore normalement ingérable. Une fois déposé aux urgences par les pompiers, sans doute immédiatement repartis sur une autre intervention, comme à leur habitude, j'avais au fond juste la tête d'une victime de bagarre de plus. Un nez cassé, rien de bien urgent. J'étais donc parti pour rester là un bon moment. Après tout, la racine du mot « patient » n'est-il pas « patience » ? En attendant aux urgences, juste relié à mon épouse par un smartphone par encore à plat, j'ai eu le temps, des heures durant, du moins tant que je suis resté conscient, de voir défiler toute la misère du monde en l'espace d'une soirée. On ne se refait pas, quand votre métier est d'observer et de raconter. Et puis, à vrai dire, cela occupe aussi. Car le temps aux urgences ne s'écoule pas à la même vitesse. Il ralentit peu à peu, comme le rythme cardiaque. Quels types de patients y croise-t-on ? D'abord, les innombrables victimes d'accident et d'agression, bien sûr. Le tout-venant des aléas de la vie, de la bagarre à la sortie d'un bar au bête accident de trottinette (grande spécialité parisienne, avec les rats et les champignons). Mais j'ai surtout été frappé par le désespoir et la solitude tangible des personnes âgées en détresse. Ces vieillards loin de tous, au cœur de la grande ville, perdus dans la solitude urbaine, sans un proche vers lequel se tourner, dont plus personne ne se soucie ou dont la famille est trop loin pour être à leurs côtés. Je me souviens notamment de ce vieux monsieur arrivé sur un brancard, dont le cœur s'était soudain mis à battre la chamade. À l'écouter, il voulait juste pouvoir rentrer chez lui pour mourir en paix, ou vivre un jour de plus. Est-il parvenu à rendre son dernier souffle ailleurs que dans un lit d'hôpital, entouré de ceux qui l'aiment, comme jadis ? Je me rappelle aussi cette vieille dame toute fine, arrivée sur un brancard, et qui insultait consciencieusement, avec un dynamisme contrastant avec sa frêle silhouette et dans un excellent français, tout personnel de santé s'adressant à elle. Un tel systématisme dans l'injure ne peut qu'impressionner, mais c'était sans doute sa façon de se défendre face au malheur et à la douleur. À moins que son agressivité n'ait été l'une des formes d'expression de la maladie d'Alzheimer ? Mais je me souviens surtout d'un sans domicile fixe allongé sur un brancard, qui voulait en descendre et repartir de l'hôpital sans attendre, malgré une fracture ouverte. Quel degré d'ivresse et de désespoir faut-il avoir atteint pour vouloir marcher et vous en aller vers nulle part alors que votre os ressort des chairs de votre jambe ? Tout au long de ma vie, j'avais eu beaucoup de chance : je n'avais guère été malade, connu aucune fracture, aucune hospitalisation ni détour par les urgences (sauf pour les enfants, et encore rarement. Mais c'est une tradition, un rite de passage parental, paraît-il). Cette nuit-là compte pour toutes celles que je n'avais pas vécues. Une gigantesque session de rattrapage hospitalière.

Allais-je rester, y rester, repartir ? Je n'en savais trop rien, dans le demi-vertige provoqué par le sang perdu et la douleur qui montait. Je commençais à avoir froid, j'avais mal à la tête, et j'avais de plus en plus envie de fermer les yeux et de m'endormir. Je ne pouvais pourtant m'empêcher, alors que l'hypothermie me prenait, d'admirer le ballet incessant des médecins et des infirmières. Une sorte de chorégraphie médicale, celle de tous ces professionnels gérant en temps réel le difficile équilibre entre l'urgent et l'humain, le grave et le bénin, la vie et la mort. Tels des dieux de l'Olympe au milieu de simples mortels, il leur appartenait de trancher. De hiérarchiser en permanence la souffrance et la gravité des maux de chacun. Tel est le concept même des urgences : faire face, quoi qu'il arrive. Comme au front. À chaque instant, tout est possible, à commencer par le pire. Autant dire qu'avec mon nez cassé et ma figure ensanglantée, j'étais loin d'être le premier sur la ligne de départ vers un examen. Trop fatigué, épuisé même, j'ai fini par arrêter d'envoyer des textos. J'ai roulé mon manteau en boule pour y poser ma tête, et je me suis effondré là, avec cette sensation de froid, ce besoin irrépressible de me reposer. J'avais juste envie de partir, de laisser filer. Rien d'autre. Une voix m'a fait émerger de cette fatigue mortifère, et j'ai fini couché sur une civière libre, plusieurs heures, je ne sais pas vraiment combien, après avoir été déposé là par les pompiers en début de soirée. Je me souviens d'avoir regardé ma montre : c'était déjà demain, je n'avais pas vu passer la soirée. Encore un peu de patience, et un bloc se libérerait finalement pour un examen rapide, un bilan de mes blessures, m'a-t-on dit poliment. Bizarrement, je me rappelle m'être dit que les lieux ressemblaient aux décors de la base lunaire de la vieille série *Cosmos 1999*. Les pyjamas rétrofuturistes ringards de Barbara Bain et Martin Landau en moins, heureusement pour le personnel soignant. Une fois donné quelques explications sur ce qui s'était passé, j'ai soudain vu quelque chose changer dans la routine de la douleur. Comme une lueur qui s'allumait dans les yeux des soignants en apprenant les raisons de ma blessure. J'ai ressenti une bienveillance, une chaleur supplémentaire, comme si ce que je disais sortait, pour une fois, de l'ordinaire. On m'a écouté, parlé, proposé quelque chose pour nettoyer le sang sur mon visage, et direction le scanner. C'était apparemment le premier jour de la jeune infirmière qui m'a pris en charge, car elle ne connaissait pas le sens d'ouverture des portes du couloir. Le fauteuil et mes jambes le lui ont confirmé : ce n'était pas le bon. Heureusement, les examens, ce soir-là, ne montreront aucune hémorragie cérébrale. Pas de trace de sang dans le cerveau. Sinon, après autant d'heures d'attente au sein de la gare de tri de ces urgences bondées, je ne serais sans doute plus là pour en parler. Pour autant, j'allais l'apprendre, les blessures les plus graves ne sont pas forcément celles qui se repèrent tout de suite. Ne pas mourir est une chose, survivre en est une autre. Il faudrait encore attendre quelques jours que les chairs du visage dégonflent pour obtenir un diagnostic plus précis de mon état auprès des urgences maxillo-faciales de la Pitié. Le temps de compléter mon dossier médical, mon nouvel ami inséparable, et de me donner un antidouleur, et j'étais bon pour rentrer chez moi. L'aube approchait, j'ai décliné la proposition qui m'a été faite de rester pour me reposer quelques heures.

Puisque je me sentais capable de partir, autant ne pas prendre un lit à quelqu'un qui en avait plus besoin que moi. Je n'étais certainement pas le plus à plaindre du moment. Et puis je voulais juste retrouver ma famille, leur prouver que j'étais en vie, que j'allais bien. Ou du moins que je le croyais. Ce n'est qu'au petit matin que je suis finalement rentré chez moi. En taxi. La seule vraie dépense de toute cette histoire, dans ce véritable paradis social qu'est la France.

Mes enfants avaient fini par aller se coucher, après un dernier SMS qui m'avait touché au cœur. J'étais vivant, et mon épouse m'attendait. Le soleil s'était levé, nous étions le 14 novembre. L'ombre du 13 novembre était derrière moi, les souffrances de la soirée pour l'instant apaisées par les comprimés. Je n'étais pas vraiment dans une forme olympique, c'est clair. J'étais épuisé, gelé, les vêtements couverts de sang. Mais je ne m'en rendais pas vraiment compte. J'étais surtout littéralement inconscient de la gravité de mes blessures. Et au fond, c'était sans doute mieux ainsi. Je me souviens du regard horrifié d'Anne, de la gentillesse et de la délicatesse qu'elle a mis à ne pas relever le nombre de fractures inscrit dans le compte rendu des urgences qu'elle lisait devant moi. Quand je lui ai dit que ce n'était pas grave, que je n'avais que le nez cassé, elle a à peine bronché et ne m'a pas contredit. À quoi bon ? Ce dossier, je crois que je ne l'avais tout simplement pas lu, ou que je n'étais pas vraiment en état de comprendre ce qu'il disait. La vérité, c'était que je rentrais à la maison avec quatorze fractures au visage, et que ce n'était vraiment pas passé loin du cimetière. Sur le moment, bizarrement, je n'avais pas compris que c'était aussi grave. Je commençais à peine à faire connaissance avec ma nouvelle meilleure amie : la douleur. Mais j'avais au moins la chance d'être rentré chez moi vivant et de revoir ma famille. Après une agression, tout le monde ne peut hélas pas en dire autant. Tant d'autres finissent dans le coma, sur un lit d'hôpital, entre la vie et la mort durant des semaines. Quand ce n'est pas pire encore : comment oublier le jeune Bastien Payet qui, le 8 mars 2018, a pris la défense des deux jeunes filles avec qui il partait en soirée ? Lui a fini tué, à coups de pied dans la tête, par ses trois agresseurs. Une vie qui aurait dû se poursuivre dans le bonheur et l'amitié. Comme celle de ce jeune homme de 25 ans, poignardé à mort le 7 janvier 2021. Juste pour avoir défendu sa compagne dont l'agresseur voulait voler le téléphone portable. À Marseille comme un peu partout en France, pendant que les autorités se renvoient la balle, des innocents se font agresser, et parfois meurent, dans un wagon comme dans un couloir de métro.

Je suis en vie, en ce qui me concerne, mais la mort est passée assez près pour me conduire, de mon vivant, chez un médecin légiste. Une impression bizarre, un peu comme celle de se retrouver dans un épisode de *Docteur Who.* C'est lui qui a fixé mon nombre de jours d'arrêt, d'interruption temporaire de travail, quand je lui ai rendu visite dans ce qui était encore l'Hôtel-Dieu. L'ITT, c'est l'unité de mesure de la souffrance, la seule jauge légale de la douleur. Plus le chiffre est élevé, plus vos blessures sont graves. Les miennes l'étaient assez pour surprendre le juge devant lequel j'ai fini par témoigner, des années après mon agression. Selon la cotation du jour, le baromètre de la douleur, pour la justice, le prix d'une quinzaine de fractures au visage, celui d'une gueule cassée s'élève à quatre-vingt-dix jours d'ITT. Un joli score, mon record personnel. Je n'ai pas fait mieux depuis, à vrai dire.

CHAPITRE 3

Éparpillé façon puzzle

Personne ne la remarque. Elle ne se devine pas. Dans la glace et dans la vie, je suis le seul à la voir, ma gueule cassée. Ma chance, et ma grande différence avec d'autres, défigurés à jamais, c'est que toutes les pièces du puzzle avaient beau être en vrac, il n'en manquait aucune, et cela changeait tout.

N'ayant rien en commun avec Brad Pitt (hormis une incapacité quasi totale à me rappeler les noms et prénoms de ceux que je rencontre), je n'avais sans doute pas grand-chose à perdre. En fait, je ressemble à n'importe qui, donc à personne, ou à tout le monde. Peu à peu, autour de mes yeux les cicatrices se confondent avec les rides, même si la fatigue ou la maladie les font resurgir, tel un tatouage mal effacé. De toute façon, je n'ouvre jamais vraiment très grand les yeux, et les lunettes que je ne quitte pas font bien souvent écran, détournant l'attention de ce que je suis en réalité le seul à remarquer. Ma tempe gauche est une *no-go zone* cutanée, et je sens constamment cette petite plaque de titane qui me lance juste au coin du nez, près de la narine gauche, au moment de tenter d'éradiquer la moustache. Quels que soient le rasoir et la délicatesse du geste, la douleur reste la même. Au moment de supprimer une patte naissante, je reconnais la dureté du métal juste sous la peau, au coin de l'œil. Là où a été porté le coup le plus fort, celui qui m'a explosé l'os et mis directement KO. Sur une bonne partie de la moitié gauche du visage, si la sensibilité est en partie revenue, les terminaisons nerveuses racontent en général n'importe quoi à mon cerveau. Et je pense qu'elles continueront à vie à inventer des messages aléatoires avec la même régularité dans l'erreur qu'un présentateur météo sur des prévisions à trente jours. Mais au fond, ce que l'on imagine et ce que l'on ressent est bien souvent pire que la réalité. À commencer par la douleur, invisible : toute la partie gauche de mon visage jusqu'au nez et ma lèvre supérieure me donnent l'impression de vibrer en permanence. Bilan : cela me donne l'impression de constamment avoir à la fois une rage de dents et une gueule de bois. Ce pourrait être pire, mais je reconnais que je m'en passerais, comme des antidouleurs que j'avale dès que je sens que la douleur monte et que je me coupe de ce qui m'entoure. Il faut dire que je la sens vraiment, cette partie de moi qui n'en fait pas vraiment partie. C'est une sensation intime, permanente, étrange, et même étrangère. Cet œil qui me semble à demi fermé et qui s'enfonce un peu trop dans son orbite. Ce masque invisible que je ne quitte jamais. Pour autant, mis à part à mes propres yeux, je ne ressemble pas non plus au procureur Harvey Dent de Gotham City. Ma double face est intérieure, intériorisée, sans doute en partie intellectuelle à défaut d'être imaginaire.

Connaissez-vous l'hôpital de la Pitié-Salpêtrière, en plein Paris ? Une véritable ville dans la ville. Il faut y être entré pour prendre conscience de l'étendue. Un pur fantasme de briques et de béton aux yeux de générations de promoteurs immobiliers, avec une telle superficie. J'en connaissais juste le nom, comme on retient celui d'une église ou d'un site touristique. J'étais passé à côté des dizaines de fois sans jamais m'y intéresser, sans voir l'incroyable surface que cela représente. Mais le traverser à pied avec mon épouse, au rythme qui était le mien à ce moment-là, me l'aura fait constater. Bref, c'est grand. Nous aurions mieux fait de prendre un taxi. Quand nous sommes arrivés aux urgences maxillo-faciales (c'est fou le nombre de termes que l'on découvre à force de fréquenter les couloirs d'hôpitaux), j'ai eu cette fois l'impression d'attendre dans un hall d'embarquement à Orly, les tapis roulants et les portiques de sécurité en moins : de longues rangées de banquettes avec en face, sur le mur, des écrans diffusant l'information en continu ou bien affichant des numéros de tickets associés à des guichets. Il n'aura finalement pas fallu attendre trop longtemps avant de décoller jusqu'à la salle d'en face, tout en longueur, au faux air de dispensaire du temps jadis. D'emblée, l'ambiance était posée, dans ces petits box censés protéger un tant soit peu l'intimité des blessures de chacun : le jeune interne de permanence s'est immédiatement exclamé en m'auscultant : « Eh bien, s'il n'y avait pas la peau, votre visage tomberait. » Pas faux, explicite, un peu cash peut-être. Je n'aurais pas pensé à le résumer aussi crûment. Mais quand on vient pour faire examiner son visage aux urgences, difficile de ne pas être prêt à entendre la vérité. Sur le moment, j'avoue que sa réflexion spontanée m'a fait moyennement sourire. Intérieurement, j'entends. Parce que de toute façon, je n'étais absolument pas en état, de sourire. À franchement parler, on n'aurait pas pu mieux résumer l'état de ma tête ce matin-là : éparpillée façon puzzle. En tout cas, j'avais ainsi eu la chance de servir une fois dans ma vie à édifier et former la future génération de praticiens. De mon vivant, qui plus est. Cela avait distrait les futurs médecins de voir qu'une fois tous les os du visage brisés, il suffisait de glisser un doigt dans la bouche et d'appuyer sur le palais pour faire bouger toute la face d'un patient. On est toujours content de servir à quelque chose dans la vie, bon gré, mal gré, sauf à faire don de son corps à la science et à finir disséqué. Pour ma part, le bilan de l'examen était clair. C'était bien plus grave que je l'imaginais. Gueule cassée un petit siècle après la naissance de l'expression, j'avais littéralement le visage en miettes. Mais au moins, désormais, je savais où j'en étais : il allait falloir attendre quelques jours que les chairs dégonflent, puis tout remettre d'équerre pour éviter que tout cela ne finisse pas s'affaisser de l'intérieur en vieillissant. Autant dire que c'était la promesse de longues heures d'opérations. Mais pas immédiatement : être patient, c'est encore et toujours, d'abord savoir patienter.

C'est sans doute à ce moment-là, un peu tard, que j'ai enfin compris à quel point ma vie avait changé, allait changer ; à quel point mes blessures étaient réellement graves. Direction la maison, toujours avec ces antidouleurs qui sont, depuis, devenus de fidèles compagnons de mon quotidien. Ces petites gélules bicolores ou blanches que je n'oublie jamais de glisser dans mon sac au moment de partir en reportage, histoire de ne pas avoir à courir les pharmacies à l'étranger ou de laisser les maux de tête s'installer. Attendre, patienter, laisser les heures s'égrener en tentant en vain de dormir, tel aura été mon quotidien pendant quelques jours. Je n'aurais jamais pensé qu'un nez cassé fasse aussi mal, et que l'on puisse être aussi désagréable avec ses proches quand on souffre. Comme tant d'autres victimes, tant d'autres blessés, j'ai passé des journées horribles à attendre d'être opéré, et un bon nombre d'autres en convalescence à domicile, à l'abri dans le cocon de ma cave. L'absence de morphine, la douleur omniprésente, la faiblesse post-opératoire, les vertiges, sans oublier les malaises entraînés par le Tramadol, cette saleté. Les nuits blanches à imaginer des bruits et des courants d'air qui n'existaient pas, et à dévorer le *Jonquille* de Jean Michelin d'une traite, histoire de se remettre un peu les idées en place. Mais le pire dans ma semaine de délire pré-opératoire en aura certainement été la bande-son : juste deux phrases de la chanson de Camille qui tournaient en boucle dans ma tête, comme un vieux 45 tours rayé : « Laisse-moi te remplacer, je vais prendre ta douleur. » Il fallait essayer de ne pas perdre pied, de ne pas se laisser emporter par la vague. J'avais mal, et à ce moment-là, j'avais l'impression que cela ne cesserait jamais. Mais si j'avais mal, c'est que je n'étais pas mort dans le métro ce soir-là. Cela me rappelle ce que disait Viggo Mortensen, alias John James Urgayle, dans le film de G.I. *À armes égales* de Ridley Scott, jadis : « La douleur est votre amie et votre alliée. C'est elle qui vous dira que vous êtes blessé sérieusement. Elle vous tiendra éveillé, elle vous mettra en colère. Elle vous rappellera que vous devez finir votre job et rentrer chez vous ! Mais vous savez ce qu'il y a de mieux dans la douleur ? C'est que, grâce à elle, vous savez que vous n'êtes pas encore mort. »

Il manque à jamais une journée dans mon agenda, et je sais juste que c'était un lundi. Tôt le matin, on m'a descendu en fauteuil jusqu'au bloc opératoire, seulement habillé d'une blouse et d'un slip en papier.

Le comble de l'élégance hospitalière, léger, respirant, déchirable et biodégradable. Le temps de m'installer sur la table, de tenter de dire merci à toute l'équipe qui était à pied d'œuvre pour me refaire un visage, et je dormais déjà. Je n'ai émergé qu'en toute fin de journée, la tête emmaillotée de poches de glace façon Captain Iglo, des élastiques entre les dents et un plâtre sur la figure. Dire que j'étais de bonne humeur au réveil serait mentir : j'étais d'humeur massacrante. Mon épouse et mon fils aîné étaient là, l'air moyennement rassuré devant ce spectacle qui devait quand même être impressionnant, à mi-chemin entre l'homme au masque de fer, pour le plâtre, et Frankenstein, pour les coutures fraîches tout autour des yeux. Quant au Dr Bandini qui m'avait opéré, il était clairement heureux de son travail, qu'il nous a décrit alors que j'émergeais, tout en tentant de me faire dire quelques mots. Son travail, je ne le découvrirai vraiment que plus tard, lors d'une visite de contrôle, en photographiant sur son écran le scanner de mon visage : des dizaines de minuscules plaques en titane font désormais partie de moi. Disséminées un peu partout, de la tempe aux mâchoires en passant par le plancher orbital, elles ont aidé chacun de mes os émiettés de mon visage à tenir en place le temps de se ressouder. Encore aujourd'hui, je ne peux qu'être admiratif, et reconnaissant, devant une telle maestria. Cela s'appelle l'hôpital public français, où des heures d'opération ne m'auront rien coûté. C'est aussi ça, la France. C'est bien souvent en voyageant, ou le jour où l'on en a besoin, que l'on comprend dans sa chair ce que ce que signifie le concept en général lointain de solidarité nationale.

Dorénavant, j'ai mal, donc je suis, mais c'est supportable. Ces dizaines de minuscules plaques de titane sont toujours là, même si elles ne se voient pas. Pour l'instant, alors que quelques années se sont écoulées depuis mon agression, mon lifting tient encore le coup. J'ai même perdu quelques rides sur le front, au passage. Qui s'en plaindrait, au fond, à l'orée de la cinquantaine ? Même s'il existe sans aucun doute des méthodes moins extrêmes pour lutter contre les inéluctables dégâts des ans… Le vrai souci, c'est le froid. À croire que je me suis réincarné en un cousin éloigné du lézard : il n'y a que quand il fait chaud, à partir de 25 degrés, que je n'ai plus besoin de ma dose quotidienne de Dafalgan ou de Gabapentine. Mais quand le mercure s'effondre, la sensation glaciale s'invite jusque dans la joue, sous la peau. Je ne pensais pas que le titane réagissait à la température ambiante. Avoir froid de l'intérieur, quelle étrange sensation… Une écharpe géante autour du visage et sur le nez, et la question est réglée. Je retrouve le cocon protecteur des premiers jours de ma convalescence, le visage enturbanné par-dessus le plâtre et les cicatrices. Comme quand j'avais pour la première fois accompagné de nouveau ma fille à l'école, et qu'une petite fille dans la rue m'avait regardé en souriant, en disant à sa mère : « Regarde, maman, le monsieur est déguisé en cerf ! » Quant à mon nez, voyons le côté positif de la chose : il n'a jamais été aussi droit depuis que je me l'étais cassé au judo, il y a bien longtemps, à l'adolescence. Il est flambant neuf, un vrai nouveau nez. Ou un dernier nez, c'est selon. Cela aura été un véritable atout pour affronter en paix quelques mois de tests PCR à répétition, tout au long de la pandémie. Même pas mal, quand l'écouvillon vient subrepticement vous titiller le cerveau. Le côté négatif (car il faut bien qu'il y en ait un) ? Il m'arrive souvent de toucher mon nez pour vérifier qu'il est là. Qui sait, peut-être que mes lunettes flottent dans les airs, façon homme invisible… Tant de choses autour de moi sont passées du statut de fait à celui d'impression, de sentiment. On parle bien du « sentiment d'impunité », et un garde des Sceaux a même officialisé le « sentiment d'insécurité ». Alors, après tout, pourquoi mon nez n'aurait-il pas disparu, lui aussi…

CHAPITRE 4

Un sentiment d'insécurité ?

Non, maître Dupond-Moretti, ce n'est définitivement pas un « sentiment » qui m'a envoyé aux urgences. Un « sentiment » ne cogne pas à coups de poing et de chaussures renforcées. Ce n'est pas un « sentiment » qui a fait de moi une gueule cassée. C'est un jeune homme d'origine étrangère, à la fois très à l'ouest et très à l'est, vu son fort accent russe. Le profil type du voyou urbain, symbole ambulant d'un ensauvagement du quotidien qu'il faudrait être de mauvaise foi pour ne pas constater ou reconnaître. Était-il légalement présent dans le pays, ou sous le coup d'une tristement célèbre OQTF, Obligation de quitter le territoire français ? Je n'en sais rien, et au fond, peu importe. Nul ne le saura jamais, seuls ses actes comptent. Bien sûr, et c'est le jeu politique qui veut cela, cela n'empêchera pas un brillant avocat devenu garde des Sceaux dans son rôle de ministre militant de dénoncer une « vision mensongère » de l'insécurité dans notre pays. Pourtant, année après année, c'est un fait et non une vue de l'esprit : l'insécurité explose littéralement, en France plus que chez nos voisins. Combien de milliers de dossiers classés chaque année, sans que jamais les coupables ne soient arrêtés, juste pour désengorger tribunaux surchargés et commissariats submergés ? Combien de délinquants, mineurs ou non, arrêtés puis relâchés ? Mon agresseur, lui, n'aura même pas été recherché, et encore moins arrêté. S'il fallait une preuve que l'impunité existe, il en est l'incarnation, étant donné la vitesse à laquelle ma plainte aura été classée. Comme celle de la jeune femme dont j'ai pris la défense. En deux mois chrono, voilà un dossier refermé de plus parmi tant d'autres ouverts. Mais comment en vouloir à des policiers submergés par les affaires, alors que les prisons sont tellement pleines qu'on laisse dehors la majeure partie des délinquants condamnés à « seulement » une année de prison ? Le sursis a clairement de beaux jours devant lui, quoi qu'en pensent les victimes de ces délinquants en liberté qu'elles n'auraient jamais dû avoir la malchance de croiser. Tel cet individu en état d'ébriété qui avait abordé deux jeunes femmes dans le métro de Villeurbanne, en banlieue de Lyon, pour leur demander leur téléphone. Face à leur refus, il avait sorti un couteau, en menaçant de les « planter ». Arrêté par les forces de l'ordre alertées par les deux femmes, il aura finalement été relâché sous contrôle judiciaire en attendant son audience. Est-ce ainsi que l'on protège vraiment les femmes d'une agression au XXIe siècle ? Qu'est-ce qui l'empêche de recommencer lors de son prochain « verre de trop » ? Absolument rien. Encore deux victimes qui ne feront plus confiance à la justice de leur pays pour les protéger… Selon un sondage CSA pour CNews d'octobre 2022, 81 % des Français pensent que la justice est « trop laxiste ». Un chiffre en hausse de 13 points en un an. Faut-il s'en étonner ? Faute de volonté, de fermeté, de places derrière les barreaux ou de reconduites à la frontière, les agresseurs sont libres de recommencer, de récidiver. C'est d'ailleurs mon seul vrai regret dans mon histoire : après ses exploits de ce soir-là, conforté par un acte impuni de plus, mon agresseur, celui de cette jeune femme, est-il passé directement au viol, au meurtre ? J'en viens parfois à espérer qu'il ait trouvé dans la rue la réponse qu'il aurait méritée pénalement. Mais, au moins une fois, quelqu'un l'aurait empêché d'agir à sa guise. Et au fond, ça serait déjà ça.

On peut toujours promettre, quand on est ministre de l'Intérieur, d'être gentil avec les gentils et méchant avec les méchants. Mais les faits sont têtus : les méchants, eux, sont de plus en plus méchants, et restent bien souvent en liberté. Et comme les prisons sont trop pleines pour les accueillir (si tant est que l'on veuille vraiment les remplir), ils peuvent récidiver, jusqu'à ce que mort s'ensuive, parfois. Tant pis pour les victimes, le sentiment d'impunité qui les rassure et les anime augmente à chaque nouvelle transgression, à chaque nouvelle agression restée impunie, classée sans suite au bout d'à peine quelques mois. Tous ces agresseurs sont comme le portrait de Dorian Gray d'une société, d'une justice, qui semblent avoir baissé les bras. Entre ceux qui ne veulent pas voir, ceux qui ne veulent pas intervenir, ceux qui ne veulent pas rechercher les coupables, qui estiment que les enfermer n'est pas la solution et ceux qui de toute façon les feront relâcher. De quoi décourager chaque jour un peu plus ceux, policiers ou gendarmes, dont le travail est justement de garantir la sécurité des Français. Car c'est un fait, un chiffre dramatique, sur lequel personne ne s'attarde jamais, et on comprend facilement pourquoi : on compte en moyenne une agression toutes les quarante-quatre secondes[1], nuit et jour dans ce pays. Et encore, ce chiffre remonte à l'enquête dite de « victimation » « Cadre de vie et sécurité » (CVS) de l'Insee publiée en 2018… Avec 710 000 victimes de violences physiques hors ménage – et hors situation de vol – en 2018, libre à vous de refaire le calcul. 1 945 cas de violence par jour, trente-et-un par heure. Sur le premier semestre 2021, nous en étions à 2 000 agressions par jour, soit une toute les quarante-trois secondes. Mais qui s'en soucie ? Et encore, ce calcul ne prend en compte que les faits déclarés, ce qui laisse entrevoir à quoi ressemble en réalité le quotidien des Français. Vous portez une montre ? Faites l'exercice : regardez l'aiguille des secondes et laissez-lui faire les trois quarts d'un tour de cadran. Voilà, la fabrique du crime a fait sortir un nouveau nom du chapeau, une nouvelle victime de ses lignes de production. Quelle cadence ! Jamais elle ne chôme ni n'est en grève, elle. Sept jours sur sept, nuit

---

1. Alexandre Devecchio, « Chauffeur de bus tué à Bayonne : "Il y a une violence gratuite toutes les 44 secondes en France" », *Le Figaro*, 12 juillet 2020.

et jour, à toute heure, le célèbre sentiment d'insécurité frappe à l'aveugle. Presque n'importe où et n'importe quand, tant le phénomène a fini par se répandre en dehors des grandes villes.

La peur dans les transports va crescendo, c'est un fait. Et nous sommes nombreux à en être conscients, au-delà des discours officiels rassurants. Selon un sondage CSA pour CNews publié le 13 janvier 2023, près d'un Français sur deux éprouve un sentiment d'insécurité en montant dans un train ou un métro. On se demande bien pourquoi… Il serait peut-être temps de cesser de se retrancher derrière des postures pour écouter les craintes des Français. À l'échelle nationale, 46 % de nos concitoyens ne se sentent pas en sécurité dans les transports, et ce chiffre monte à 50 % à Paris. D'ailleurs, les femmes sont encore plus inquiètes que les hommes, et je les comprends : 49 % des femmes ne s'y sentent pas en sécurité, contre 42 % des hommes. De même, 54 % des 18-24 ans se disent stressés à l'idée de prendre bus, métros, trams ou trains. Du coup que doivent penser les jeunes femmes dans les rames et les couloirs, en première ligne des agressions ? La dernière étude en date dite « Victimation et sentiment d'insécurité en Île-de-France » menée tous les deux ans par l'Institut Paris Région le souligne bien : après avoir logiquement stagné pendant la crise sanitaire en Île-de-France, où l'on nous déconseillait même de prendre les transports en commun, à Paris, 54,1 % des habitants déclarent désormais ressentir un sentiment d'insécurité dans les transports début 2021, contre 52,2 % en 2019. Une peur croissante déjà mise en évidence lors de la précédente enquête. Selon ce rapport publié en janvier 2023, en 2021, 31,4 % de la population parisienne avait peur de l'agression ou du vol dans les transports en commun. Soit 8,9 points de plus que quatre ans plus tôt. D'ailleurs, selon les chiffres du Service statistique ministériel de la sécurité intérieure (SSMSI), en 2021, les agressions avaient augmenté de 11 % dans le réseau de surface, la hausse était de 21 % sur le réseau ferroviaire… et de 42 % sur le réseau métropolitain. Avec 122 170 victimes de vols et de violences dans les transports en commun en 2021[2], la peur fait partie de notre quotidien, mais devons-nous seulement nous résoudre à vivre avec, en espérant que la foudre tombe sur quelqu'un d'autre ? Et ce alors que 87 % des victimes de violences sexuelles ont moins de 30 ans, et 43 % sont mineures !

2. SSMSI, *Interstats Analyse*, n° 48, septembre 2022.

À quoi bon s'inquiéter, étant donné que la situation ne cesse de s'aggraver ? Les statistiques du ministère de l'Intérieur sont, hélas, là pour le mettre en lumière, et il n'y a aucune raison de douter de leur exactitude. J'ai beau être littéraire et non matheux, entre 2017 et 2021, si on cumule les statistiques, 1,337 million de Français ont rejoint l'interminable liste des victimes d'agression. Vous avez bien lu, la virgule est au bon endroit. Faisons un rapide calcul : cela fait 732 victimes par jour, 30 par heure. Soit en moyenne une nouvelle victime toutes les deux minutes en France, de nos jours. L'imaginiez-vous seulement une seconde avant de le lire ? Bien sûr, la violence ne se limite pas à la vie publique. La sphère privée est tout aussi touchée par cette montée permanente de la violence. Elle est aussi familiale, intrafamiliale, sexuelle, et là aussi, il faut la combattre, par l'éducation et par la sanction. Quoi qu'il en soit, 62 % des victimes de vols violents en Île-de-France sont des femmes. Une surreprésentation qui devrait poser question. Et ces chiffres ne cessent d'augmenter tout au long de ces dernières décennies : toujours selon les chiffres du SSMSI, sans surprise, en 2021, les 12 820 hommes mis en cause pour des faits de violences dans les transports en commun représentaient 88 % de l'ensemble des mis en cause. La violence dans nos campagnes est en revanche une tendance plutôt récente. Pour autant, elle ne fait aucun doute : depuis 2017, la délinquance en zones rurales augmente même plus vite qu'en ville. Ainsi, entre 2019 et 2020, le taux dit « d'homicidité » a en moyenne augmenté de 3 % à la ville, quand il augmentait de 15 % à la campagne. Une autre forme de drame pour les victimes, qui plus est celles montées de province, comme on dit si élégamment, de retrouver cette nouvelle violence sur les lieux de leur enfance et de leur jeunesse. Ce n'est pas l'ex-Rennais que je suis qui prétendra le contraire. D'ailleurs, selon les chiffres du ministère de l'Intérieur, les violences dans les transports en 2021 ont augmenté, par rapport à 2020, de 44 % dans le Rhône, de 24 % dans le Nord, de 23 % en Loire-Atlantique… Quand on part de Paris après une agression, quand on fuit la capitale, comment imaginer une minute, en retrouvant sa ville natale, que l'insécurité nous y a peut-être suivi, voire précédé ? Car elle s'invite désormais tout autant dans les petites villes, voire dans les campagnes. Elle nous rejoindra, j'en suis sûr, où que l'on se cache pour lui échapper. Alors à quoi bon partir, au fond ? La seule solution s'impose d'elle-même : faire face, ne pas subir, jamais. Ne pas donner aux agresseurs le plaisir insolent d'une seconde victoire : celle de nous avoir fait baisser les bras.

À quel moment notre pays a-t-il franchi cette frontière invisible entre l'acceptable et l'insupportable ? À quel moment a-t-on cessé de se soucier des autres, de la sécurité de nos proches, alors que n'importe qui, n'importe quand, peut devenir une victime de plus ? Je ne sais pas vraiment. Mais choisir d'enterrer les drames, de ne pas en parler, constitue tout autant une forme d'instrumentalisation que le fait de les monter en épingle pour les récupérer à des fins politiques et idéologiques. Au fond, si l'on regarde combien de tristes histoires remontent dans la presse, comparé au nombre total d'agressions ayant lieu dans les transports en commun de l'Hexagone chaque année, la couverture du sujet est en fait, statistiquement parlant, proche de zéro. « Je ne vois pas en quoi le fait de protéger les Français serait une valeur exclusivement de droite[3] »,

3. Tristan Quinault-Maupoil, « Élisabeth Borne au *Figaro* : "Protéger les Français n'est pas une valeur exclusivement de droite" », *Le Figaro*, 4 décembre 2022.

déclarait récemment, et à juste titre, Élisabeth Borne. Sur ce point, je suis bien d'accord avec elle : les agresseurs ne font pas de politique. Je ne savais pas, en revanche, qu'il fallait être d'une couleur précise pour se soucier, ne serait-ce qu'un peu, de veiller sur autrui. Bien sûr, la récupération politique existe et existera toujours. Il faut bien faire carrière, se faire voir pour se faire réélire, communiquer et se mettre habilement en scène dans ce vaste jeu de rôles grandeur nature qu'est la vie politique pour conserver ou conquérir pouvoir, mandats, émoluments et prébendes, pour soi-même comme pour ses amis. Quoi qu'il en soit, quoi que l'on pense des agressions, des agressés, des agresseurs, rendre les victimes invisibles ne constitue pas, selon moi, l'antidote ni à la violence, ni à l'instrumentalisation. C'est d'ailleurs là, au passage, l'un des grands pouvoirs de la presse : choisir de quoi l'on parlera, ou non, et sous quel angle, positivement ou négativement, en bien ou en mal. L'objectivité n'existe guère. Les journalistes sont de plus en plus militants, se sentant investis de la mission de changer le monde, et pas seulement de le raconter et de l'expliquer au commun des mortels. En fait, l'objectivité n'existe pas, et l'insécurité fait inévitablement partie de ces poussières que l'on préfère garder sous le tapis du journal de 20 heures.

Justement, parlons-en un instant, du 20 heures. De son déroulé peaufiné avec soin, de ses sujets sélectionnés et calibrés… et de ses reportages enterrés. Je me souviens très bien du jour où, après un énième tweet de colère, j'ai été contacté par un jeune confrère, un journaliste de France Télévisions, apparemment touché par cette histoire, par les raisons de mon agression. Pile deux ans après les faits, le jeune Tom me demandait si je serais disponible pour une interview sur les lieux du crime, pour raconter là, dans ce couloir du métro parisien, ce qui m'était arrivé. Bien sûr, j'étais d'accord si cela pouvait servir à d'autres victimes, à d'autres familles. Caméraman, preneur de son, journaliste hors champ pour poser les questions, d'abord sur le pavé de la place de la Concorde puis en sous-sol, en marche vers l'insécurité. Au bout d'une grosse demi-heure de tournage et de témoignage, c'était dans la boîte. Puis le temps a passé, passé… Timidement, j'ai fini par demander des nouvelles, relancer, plusieurs mois après, fin février 2022. Quand le sujet allait-il être diffusé au journal du soir ? Il le serait bientôt, sans aucun doute, sachant à quel point l'insécurité était un sujet majeur... Ou bien était-il passé aux oubliettes ? « Non, je suis très occupé, je reviens vers vous dès que possible », me répondit alors ce jeune confrère. Il n'a jamais été diffusé, et je n'ai jamais eu la moindre nouvelle. Et quand j'ai demandé à celui qui l'avait tourné quelques explications entre confrères, il m'a simplement envoyé paître, se contentant d'un « Désolé, je n'y suis plus et je n'ai plus de contact avec la rédaction. Je ne peux pas vous aider. Bon courage ». Que voulez-vous, après tout, je n'étais pas mort. Cela aurait sans doute été tellement plus vendeur, en filmant ma veuve. Le sujet aurait sans doute été croustillant. Les élections présidentielles étaient passées par là, je présume. Ce jeune journaliste avait entre-temps quitté France Télévisions et Paris pour BFM et le Sud. Comment reprocher à quelqu'un de s'occuper de soi au lieu de se soucier des autres, de ceux qu'il interviewe, de nos jours ? Avec une aussi belle façon de ne pas respecter ceux qu'il contacte et interroge, de ne pas se soucier d'eux au-delà des quelques minutes passées ensemble, il sera sûrement promis à un grand avenir. Mais cela m'aura au moins servi de leçon : on ne peut jamais faire confiance à un journaliste, et en attendre quelque chose est une erreur. Et comme je le suis également, je suis mal placé pour écrire cela, et je veille plus encore à tenter de mériter la confiance de ceux que je rencontre, sans toujours y parvenir, hélas. J'ai appris jadis, en travaillant à *Ouest-France*, que presse locale rimait avec responsabilité accrue : quand on écrit n'importe quoi, la victime de votre article peut venir en personne vous le reprocher. Dans un média d'envergure nationale, le sens des responsabilités, le souci de ne pas nuire en écrivant se diluent parfois avec la distance au sujet traité. Raison de plus pour y veiller.

Moralité : surtout, ne parlons pas des sujets qui fâchent à une heure de grande écoute. Ce serait faire le jeu des extrêmes, vous comprenez ? C'est hélas plutôt finir par les renforcer, en leur donnant raison quant à ces agressions dont il ne faut pas parler. D'ailleurs, la campagne de l'élection présidentielle de 2022 l'aura parfaitement prouvé. Vous vous souvenez sûrement, durant toutes ces semaines de non-campagne, d'avoir entendu parler de l'insécurité en France, de la multiplication des agressions dans l'Hexagone, aussi bien dans les rues que dans les transports en commun ? Non ? C'est normal, cela n'a absolument pas été le cas. Comme dirait un professionnel de la politique, « ce ne sont pas les sujets qui intéressent les Français ». Meurtres, vols, agressions, viols, faits divers violents, attaques au couteau… En effet, je ne vois vraiment pas qui cela pourrait intéresser… Il faut sans doute en arriver aux attaques terroristes avérées, et encore à condition de considérer que l'auteur a bien toute sa raison (un terroriste raisonnable, quel concept intéressant), pour que le sujet devienne digne d'être commenté par un candidat à une élection majeure. Bien sûr, il conviendra de condamner tout cela avec la plus grande fermeté et d'exprimer toute sa compassion aux familles des victimes. Hollande Valls, Cazeneuve… La France est sans doute le seul pays au monde où l'on peut quitter le pouvoir avec le plus sanglant et le plus lourd des bilans sécuritaires de l'histoire en temps de paix, entre agressions et attentats, et non seulement ne pas se retirer de la vie politique à jamais, mais aussi continuer de s'exprimer comme si de rien n'était à longueur de colonnes. S'il en est ainsi pour les plus dramatiques attentats terroristes que la France a connus, inutile d'imaginer des politiques se sentant responsables des milliers d'agressions du quotidien… Hormis quelques rodomontades ponctuelles, le spectacle continue, les agressions aussi.

Lors du débat de second tour de la présidentielle, au déroulé réglé comme du papier à musique insensible par les équipes de communicants de chacun des deux candidats, l'insécurité se sera vu consacrer à peine cinq minutes. Cinq minutes tous les cinq ans : je ne préfère pas calculer combien de dixièmes de seconde d'antenne cela représente par victime. Lors de cette élection jouée d'avance, où la seule chance du candidat sortant d'être réélu était d'affronter le plus extrême des adversaires au second tour, comme la fois précédente, pas besoin de la moindre adhésion à un programme pour l'emporter. Ni d'aborder les sujets qui fâchent vraiment, le quotidien des Français… Depuis, la guerre en Ukraine, le retour de l'inflation et l'explosion du coût de l'énergie sont passés par là. Dommage pour les victimes, et pour cette occasion ratée de parler de ce qui est pourtant l'un des droits les plus intimes de tout citoyen : la sécurité. Mais après tout, quand on est victime à vie, on peut bien attendre cinq ans de plus…

C'est bizarre, quand même : alors que des millions de nos concitoyens gâchent une bonne partie de leur temps à regarder les « breaking news » alarmistes et déprimantes des chaînes d'information en continu, on en parle bien peu, de l'insécurité. La vraie, la quotidienne. Bien sûr, quand un homme de plus assassine sa compagne ou son ex-compagne, quand une enfant se fait tuer dans des conditions atroces, l'information tourne en boucle des heures durant. Le miroir grossissant des médias joue à plein. Une horde de reporters débarque dans les quartiers, dans le village, tournant autour des proches tels des vautours au-dessus d'une future proie dans le désert du Nevada. Et puis viennent et reviennent la guerre, l'inflation, une énième annonce d'un énième ministre sur une énième mesure qui sera oubliée ou vide de sens dès le lendemain. Un clou chasse l'autre, en permanence, c'est le principe même de l'information, de sa circulation circulaire, et des séquences de communication qui mènent la vie politique et donc celle des médias. Plus encore à l'heure du web, où le stress permanent d'être le premier à publier l'article générant le plus de clics ne fait qu'accélérer le phénomène. Puis les faits divers retrouvent leur place naturelle, en bas à droite des pages d'actualité des grands quotidiens régionaux, avant de disparaître, comme s'effacent les proches des victimes, rendus à un quotidien qui n'a plus rien à voir avec ce qu'était la vie juste là, avant. Quand on vit un drame personnel et familial – car les proches d'une victime d'agression, de viol, et plus encore de meurtre, sont eux aussi des victimes par procuration –, on a bien le droit d'être laissé en paix, d'être oublié, si on le souhaite, de voir son deuil respecté, de refuser même toute instrumentalisation. Mais seulement si on le souhaite. Certains aspirent à l'oubli, d'autres, à la vengeance. Ou tout simplement à la justice, *a minima* que quelque chose se passe, au nom de leur deuil et des prochaines victimes. Que leur proche, celui ou celle qu'ils pleurent, ne soit pas mort pour rien, en quelque sorte. Comment ne pas les comprendre ? Comment ne pas leur donner raison ? La politique les nie, le journalisme les utilise puis les jette. On ne fait que réduire leur vie et leur douleur à un simple fait divers, alors qu'en réalité, ce qui les a frappés est un phénomène de société. Dépossédés de ce qu'ils ont vécu de pire, la frustration qui monte eux pourrait bien finir par se transformer en colère. Une colère sourde, indéfinissable, souterraine.

CHAPITRE 5

Ma colère

Chaque matin ou presque, depuis plus de cinq ans, elle se réveille, elle me réveille. Ma colère. Elle a ce point commun avec l'insécurité de n'être pas seulement un sentiment. C'est une présence immuable. Elle ne me quitte pas un instant. Elle est en moi, elle vit en moi et je vis avec elle. Je tente de la contrôler, ou du moins de me convaincre que je la contrôle. Elle est devenue un alter ego, comme la douleur. Plus qu'une ennemie insidieuse, j'en ai fait une amie intime. Elle s'empare de moi, au moment où je m'y attends le moins. C'est comme une explosion intérieure, un magma qui monte, jusqu'à l'éruption. Elle me connaît comme si elle m'avait fait. À tel point que je finis par ne même plus savoir pourquoi je suis en colère.

Mais je le suis. Dix fois par jour, parfois plus, comme ces élancements dans la tempe et dans la joue, comme cet œil gauche qui me semble se fermer et se met à me lancer quand je me concentre un peu trop. Quand j'écris, quand je conduis… Je sens qu'elle revient, qu'elle monte, qu'elle passe me prendre pour m'emmener là où elle veut sans même que j'aie le temps d'en avoir conscience. C'est une chimie intime qui vous fait passer en un instant de Dr Jekyll à Mr Hyde. Le matin, à la rigueur, deux ou trois injections de caféine en intraveineuse suffiraient presque à la tenir à distance, histoire de redevenir un tant soit peu civilisé, si tant est que je l'aie jamais vraiment été. Je ne garantis d'ailleurs pas de toujours y parvenir, voire d'en avoir seulement envie. En tout cas, la colère est là, bien installée dans un coin de sa toile d'araignée, attendant patiemment que quelque chose bouge dans ma tête. Prête à bondir à la moindre vibration.

Après tout, de quoi est-ce que je me plains ? Et suis-je seulement à plaindre ? Je vais bien, je travaille, je vis normalement. J'ai réappris à boire à la paille, à mordre dans un sandwich, à siffler… Grâce à un couple d'amis, Hélène et David, j'ai pu découvrir les trésors de Netflix, à l'abri dans l'obscurité de ma cave transformée en mini cinéma. On m'a choyé, soigné, accueilli, accompagné, félicité, traité de héros. On m'a même remis une médaille pour ce que j'ai fait, à savoir pas grand-chose à mes yeux. Quelques gestes, quelques mots, refuser de se battre, partir, et me faire exploser au sol. Bien sûr, je serai éternellement redevable à la maire de ma petite ville d'avoir proposé que l'on me décore. Je suis fier d'avoir reçu la médaille pour acte de courage et de dévouement, que d'ordinaire seuls les pompiers et les policiers ont l'honneur d'arborer, en récompense de tous les risques encourus au quotidien. Cela m'a fait du bien, et cela a surtout fait du bien à mes proches, à mes enfants. Rien ne saurait avoir plus de valeur à mes yeux que cet éclair de fierté remplaçant la colère dans leur regard. Et rien n'obligeait la maire à me proposer pour une décoration, quelle qu'elle soit. Mais peut-être, comme tant d'autres femmes autour de moi, et je m'en étonne encore, a-t-elle été touchée par l'histoire, les faits, les mots, les circonstances ? Être agressé pour avoir pris la défense d'une femme elle-même victime d'une agression sexuelle, le pitch était bon. Rencontrer une victime d'agression, lui parler, écouter son histoire, c'est mettre un visage sur un concept en partie abstrait, celui de l'insécurité, et cela change du tout au tout la perception que l'on en avait jusque-là. Et une femme vivant en région parisienne n'a sans doute, hélas, aucun mal à s'imaginer à la place d'une victime. Tous les jours, tous les soirs, elle sait au fond d'elle que cela peut arriver. N'importe où, par n'importe qui, pour n'importe quoi.

Toujours est-il que l'on m'a décoré. Or, quand vous êtes l'un des deux seuls civils de la cérémonie, quand, tout autour de vous, il n'y a que des policiers, des professionnels, des gens qui tous les jours risquent leur vie pour protéger celle des autres, qui acceptent les risques, et les subissent de plus en plus souvent dans leur chair, le syndrome de l'imposteur vous rattrape très vite. Qui suis-je, à côté d'eux ? L'ai-je vraiment méritée, cette décoration ? On m'honore pour quelques minutes où je ne me suis pas battu et où j'ai manqué être tué.

Mais c'est aussi l'un des privilèges de celui qui n'est pas mort que de pouvoir savourer des éloges qui ne sont pas funèbres. Et j'avoue préférer que l'on ne m'ait pas remis cette médaille à titre posthume. Je pense que je l'aurais moins appréciée. Et ma famille aussi, sans aucun doute. Mais comment ne pas refaire le film, une fois que l'on connaît la fin de l'histoire. Comment ne pas imaginer ce qu'aurait pu être la vie de ceux que j'aime sans moi ? En fait, non, c'est à la fois inimaginable, et inutile puisque cela n'a pas eu lieu. À quoi bon se faire du mal ? Cette médaille pour acte de courage et de dévouement que l'on m'a décernée, avec son petit ruban tricolore à arborer à la boutonnière, je la chéris désormais. Pas besoin d'Ordre du mérite ou de Légion d'honneur. Car je sais à quel point cette médaille compte aux yeux de ceux qui nous servent et nous protègent au quotidien. Je la chéris aussi car je pense qu'elle a vraiment apaisé tout ou partie de la colère de mes enfants. C'est en quelque sorte une façon positive de clore un passage plus que difficile de ma vie. Pour autant, ces compliments que l'on a pu me faire, je n'ai toujours pas l'impression de les mériter. Et d'autres ayant fait bien plus vous diront sans doute la même chose. Les « Vous êtes un héros » se savourent sur l'instant, mais ne changent pas, heureusement, le diamètre des chevilles de celui à qui on les adresse. Pourquoi ? Parce que j'ai seulement l'impression d'avoir fait ce que j'avais à faire, sans aucun héroïsme. J'ai réagi par instinct, beaucoup, par éducation, en partie, et par formation, un peu.

Le fait de ne pas intervenir quand quelqu'un se fait agresser à côté de soi est un signe évident du niveau d'égoïsme contemporain, dans une société nourrie à l'individualisme forcené où l'on finit par penser avoir bien plus de droits que de devoirs. Un monde où se soucier des autres est tout sauf à la mode. Un quotidien où l'on détourne le regard de ce qui nous dérange, où l'on ne s'arrête surtout pas, même si on aurait dû.

Mais si je suis et demeure en colère, c'est sans doute en partie à cause d'une phrase du préfet de police du Val-de-Marne. Après ma remise de décoration, celui-ci m'a dit, en toute sympathie et sans aucune arrière-pensée, quelques mots qui m'ont glacé les sangs et que je n'oublierai jamais. J'étais sans doute déjà en colère, de ne pas avoir eu l'occasion de me défendre, en étant ainsi attaqué de dos ; mais, cette simple phrase, sympathique, a mis le feu aux poudres. C'est là que ma colère est devenue une flamme qui ne veut pas s'éteindre, et que, sans doute, je ne souhaite pas voir s'éteindre.

Je l'ai dit : j'étais l'un des deux civils parmi des dizaines de policiers en tenue, dans le hall gigantesque de ce vaste hôtel de police en béton. Quand une voix s'est mise à décrire les raisons de ma présence, j'ai vraiment eu l'impression que l'on parlait de quelqu'un d'autre. Que je n'étais là qu'en tant qu'observateur, comme à mon habitude. Mais tout cela était bien réel, et j'étais au milieu, pas autour. Or, juste après que l'on m'a remis cette décoration, en présence de mon épouse et de mon fils aîné, lors du cocktail qui a suivi, au cours de ce moment de détente, entre champagne tiède et petits-fours, le préfet de police m'a confié : « Vous savez, d'habitude, personne n'intervient jamais. »

Est-ce une légère note de désespoir, de lassitude que j'ai ressentie dans sa voix à ce moment-là ? Je n'en suis pas vraiment sûr. Mais ce dont je suis sûr, c'est qu'il avait raison : en cas d'agression, plus personne n'intervient. On me l'a fait remarquer mille fois depuis. Pas peur de se mêler des affaires des autres, peut-être, mais surtout par peur de prendre un mauvais coup. Et c'est quelque chose que je peux très bien comprendre. Des individus agressifs et vindicatifs, j'en ai croisé plus d'une fois en deux décennies de transit en sous-sol. Une poignée de fois, toujours pacifiquement, sans attiser la soif d'en découdre, je me suis interposé. Juste normalement, parce que c'était quelque chose qui, à mes yeux, devait être fait. Ce n'est pas une question de courage ou de réflexion mais juste de logique : ces gens-là n'aiment pas que l'on vienne leur gâcher leur plaisir. Il suffit de se rapprocher, de regarder l'agresseur, de le dévisager sans crainte ni sourire, sans les fixer exagérément. De ne pas le provoquer. De s'asseoir juste à côté de ses victimes du moment pour que son attention s'en détourne (que voulez-vous, un agresseur, c'est un peu comme un enfant en bas âge, si simple à déconcentrer). Je me souviens d'un soir, toujours sur cette redoutable ligne 8 du métro parisien, où un homme insultait et menaçait un couple de personnes âgées qui n'avait sans doute pas la bonne couleur de peau à ses yeux. Debout dans l'allée centrale, il était allé jusqu'à mettre son pied à cinq centimètres de mon visage pour m'impressionner, alors que je m'étais déplacé pour m'asseoir près d'eux. Me donnant au passage une parfaite occasion, si besoin, de porter un coup précis au cœur même de son anatomie si virile. Mais ça n'avait même pas été nécessaire : le regarder sans entrer dans son jeu avait apparemment suffi à lui gâcher son plaisir. Il était descendu, éructant, à la station suivante. Neuf fois sur dix, les choses finissent comme cela : bien, sans conséquence autre qu'un moment déplaisant de plus. Les agresseurs sont en général des lâches. En tout cas dès que l'on a la bonne taille et la bonne carrure d'épaule, être calme suffit à décourager nombre d'agresseurs, qui ne savent alors pas à quoi s'attendre, à qui ils ont affaire quand cela ne se passe pas comme d'habitude. À partir du moment où ils comprennent que vous n'avez pas peur d'eux. Nul ne va prétendre qu'un agresseur est en soi parfaitement sain d'esprit. S'il l'était, tout comme un terroriste, au fond, passerait-il à l'acte ? La réponse est non. Mais il ne vise en fait qu'un objectif à très court terme, immédiat : sa propre satisfaction, son propre plaisir, que ce soit de déranger un ordre social dont il sait ne pas faire partie, ou assouvir ses instincts sans avoir à se soucier de devoir les réfréner. Et puis qui a dit qu'un agresseur réfléchissait avant de passer à l'acte ?

Je dois bien l'avouer : depuis cette agression, je crois que je suis d'une certaine façon au mieux en retrait de ce qui m'entoure, au pire en colère, parfois plus, parfois moins. Je pars en un clin d'œil. Je sens bien que mon caractère déjà bien trempé au beurre salé s'est encore durci. Je me sens constamment sur la défensive, telle la sentinelle du *Désert des Tartares*, attendant un ennemi qui ne viendra jamais, parce qu'il est déjà là. C'est vraiment comme si j'attendais quelque chose. Mais quoi, ou qui, exactement ? Au petit jeu de l'introspection, j'avoue que je ne suis pas le plus doué des patients. En tout cas, s'il est une chose que je ne sais vraiment pas faire, c'est lâcher prise. Alors, je la sens en moi, cette agressivité latente, qui ne faisait pas partie de moi, avant. Et je décide obstinément de vivre avec. Comme si j'avais gardé en moi une partie des coups que j'ai reçus, ainsi que la frustration de ne pas avoir été en mesure de les rendre. Car il y a bien un avant et un après dans ma vision des choses. Il suffit que je voie quelque chose, n'importe quoi, en dehors des clous, dans la rue, dans le métro, pour avoir envie de bondir, de m'en mêler, d'intervenir. Pourtant, je n'ai ni cape ni oreilles pointues et n'ai pas de vocation de justicier masqué. J'ai déjà donné, à vrai dire, avec mes deux minutes d'héroïsme en sous-sol, alors à quoi bon chercher à nouveau les mauvais coups ? Pour remettre les compteurs à zéro ? Pour ne pas perdre, cette fois-ci ? Je m'en doute bien que cette colère latente naît aussi de la douleur, et de la fatigue, de l'usure qu'elle engendre. Toutes les deux, elles sont toujours là, présentes, lancinantes, plus légères ou plus fortes selon les moments, au gré de la fatigue, de la concentration, de mon moral… Il suffit de laisser courir un peu, de baisser la garde un instant, de ne pas me rendre compte que la fatigue de la douleur s'est de nouveau installée en moi pour que ma colère explose soudain. Bien sûr, je ne me métamorphose pas pour autant en géant vert. Mais le ton monte vite, trop vite ; il se fait encore plus cassant que d'ordinaire. Les phrases assassines fusent, le temps d'en prendre conscience et de pouvoir les regretter. Ce n'est pas moi qui t'ai parlé ainsi, désolé. C'est ma douleur, c'est ma colère, cette autre moi né en sous-sol un soir de novembre.

Pourtant, je le sais bien, je ne devrais pas être en colère pour ce qui m'est arrivé, Tant d'autres, la très grande majorité des victimes, oui. Moi, non. Non pas que je ne m'accorde pas ce droit. Je l'ai autant que toute autre victime, ni plus ni moins. Mais, au fond, mon histoire n'est pas entièrement la leur. Notamment parce qu'il y manque un ingrédient important. Le hasard ? Pas vraiment. Le fait d'être au bon ou au mauvais endroit à ce moment-là ne tient souvent qu'à quelques secondes, à quelques choix faits consciemment ou non. Non, toute la différence entre mon parcours de victime et celui de tant d'autres, à vrai dire la grande majorité, réside dans le fait que je sais parfaitement pourquoi ce qui m'est arrivé a eu lieu. Je n'ai pas été frappé par la foudre, et je ne passerai pas le reste de ma vie à me poser cette question lancinante : pourquoi moi ? Une phrase, une interrogation, que se partagent tant les victimes que les survivants, sans jamais pouvoir y répondre. Je sais exactement pourquoi j'ai été agressé, et même la gravité de mes blessures ne me ferait pas bouger d'un iota à ce sujet : parce que je suis intervenu au lieu de passer mon chemin. Comment regretter, ne serait-ce qu'une seconde, un tel choix ? Impossible.

Mais quand seul le hasard semble avoir fait qu'une mauvaise rencontre se transforme en mauvais souvenir, ou pire, on se demande tout de même sans cesse (du moins je le suppose) à quel moment exact sa vie n'a pas pris le virage qu'elle aurait dû. À quel moment le wagon de la banalité est sorti des rails du quotidien pour suivre une autre voie, parfois jusqu'à tourner au cauchemar. Certes, tomber dans les transports en commun sur un cinglé mal élevé, obsédé, ivre et ultra violent relève en soi du mauvais calcul de probabilité. Sauf que cette probabilité ne cesse de devenir de plus en plus élevée au fil du temps. Et qu'en général, aujourd'hui comme hier, personne n'intervient jamais. Je peux très bien comprendre que l'on n'ose pas intervenir. Ma mésaventure parle d'elle-même : parfois, en effet, cela peut très mal se passer. Mais c'est un risque à prendre : nous ne vivons pas dans *Emily in Paris*.

CHAPITRE 6
Émilie à Paris

Il y a le mythe et la réalité : *Emily in Paris* et Émilie à Paris. Les deux n'éprouvent pas les mêmes sentiments : seule Émilie sait que l'insécurité est une réalité. Car les femmes le savent mieux que quiconque : c'est d'abord à elles qu'elle est fatale. Et je ne peux que m'en vouloir, en quarante-cinq ans d'existence, de ne m'être pas rendu compte plus tôt des dangers qu'elles encourent, tous les jours, notamment dans les transports en commun.

En tout cas, ce soir-là, dans le métro, cette jeune femme juste devant moi pouvait être fière d'elle. De sa réaction, de son courage, de sa volonté. Les chiffres de l'étude parue en 2021, « Victimation et sentiment d'insécurité en Île-de-France », récemment dévoilés par l'Institut Paris Région, sont éloquents. Ils soulignent à quel point, en matière d'agressions, les écarts sont particulièrement marqués entre hommes et femmes. Elles sont surexposées aux vols sans violence (11,8 % des Franciliennes contre 8,6 % des hommes), mais surtout davantage victimes d'agressions sexuelles (4,4 % des femmes, contre 0,5 % des hommes). Selon l'Institut, « le sentiment d'insécurité exprimé par les femmes devrait être davantage pris en compte. [...] Des peurs qui peuvent devenir des freins à leur mobilité. [...] pour la peur dans les transports, les femmes sont deux fois plus sujettes à redouter l'agression ou le vol ». Je ne compte d'ailleurs pas les femmes autour de moi qui préfèrent prendre le volant ou un vélo pour ne plus avoir à craindre sans cesse de croiser le chemin d'un agresseur dans les transports en commun.

Littéralement, cette peur les a amenées, sans doute à juste titre, à changer leurs habitudes, leurs routines, leur mode de vie au quotidien. Après l'agression de cette jeune femme et la mienne, j'ai été littéralement sidéré, horrifié, par le nombre de femmes autour de moi qui, soudain, suffisamment en confiance, m'ont raconté, m'ont confié ce qu'elles avaient vécu, et ce qu'elles craignaient de vivre. Je me suis aussi senti coupable de ne rien avoir vu jusque-là de toutes leurs peurs quotidiennes. Leur parole s'est libérée, et c'était comme une vague, inimaginable. Soudain, chacune ose vous parler de son propre vécu. Elles m'ont confié leurs craintes, raconté comment elles se sont fait suivre, aborder, parfois toucher et agresser, dans les rames et les tunnels parisiens et franciliens. Je ne doute pas que ce soit exactement pareil en province. Comment ai-je pu vivre aussi longtemps, près d'un demi-siècle, sans même m'en rendre compte ? Parce que j'étais un homme, et non une femme, tout simplement. Il n'est sans doute pas exagéré de dire que toute femme habitant, vivant et travaillant en Île-de-France risque de se faire agresser un jour ou l'autre. Et elle en a pleinement conscience. La question est : Comment peut-on un seul instant trouver cela tolérable, acceptable au XXIe siècle ? La délinquance, l'insécurité, c'est en quelque sorte la double peine pour les femmes, clairement en première ligne des agressions. Certes, et c'est une bonne chose, on parle de plus en plus des violences faites aux femmes, voire des féminicides, même si l'on peut voir dans ce mot une mauvaise compréhension du sens d'homicide. En France, au moins espérons-le, l'expression « crime passionnel » est à ranger aux oubliettes du droit comme de la presse. Mais il se passe tellement de faits graves dans les transports en commun au quotidien, au-delà des drames qui ne sont connus que dans l'intimité des familles, que le fait de les passer globalement sous silence est un pur scandale. Les faits sont là : en 2020, les 116430 victimes d'agression dans les transports étaient majoritairement des femmes (56 %), et très majoritairement de nationalité française (78 %)[4]. Non seulement les femmes sont particulièrement victimes de violences sexuelles (94 %), mais plus d'un tiers sont même mineures. Il existe sûrement une meilleure façon de démarrer dans la vie. Les femmes sont si souvent en première ligne des agressions que je suis surpris que l'on en parle aussi peu. Elles sont de plus en plus les victimes expiatoires d'un quotidien de violence habituelle : selon le bilan statistique du ministère de l'Intérieur publié le 31 janvier 2023, les crimes et délits ont été en forte hausse en 2022. Quand les coups et blessures volontaires augmentaient de 15 %, les violences sexuelles étaient en hausse de 11 %. Selon le SSMSI, moins de 10 % des victimes de violences sexuelles hors du cadre familial portent plainte[5].

Difficile d'être surpris en découvrant cela : selon l'Institut Paris Région, les moins de 25 ans, les plus jeunes, constituent les proies de prédilection des

4. SSMSI, *Interstats Analyse*, n° 39, décembre 2021.

5. SSMSI, *Interstats Analyse*, n° 52, novembre 2022.

prédateurs urbains. Elles subissent à elles seules 47,4 % des violences sexuelles dans les transports en commun, soit près de la moitié. Et ces femmes, décidément en première ligne des agressions au quotidien, sont courageuses, car seules 5 % des Franciliennes finissent par renoncer à prendre les transports par peur d'être agressées. Mais si elles sont aussi nombreuses à continuer à prendre bus, métro ou train, c'est tout simplement parce qu'elles n'ont pas le choix. Les choses ne s'arrangent pas : en fait, la majorité des Franciliennes victimes de violences sexuelles dans les transports en commun ne le signalent même pas. Pourtant, cela fait maintenant deux ans que SNCF et Île-de-France Mobilités (IDFM) ont mis en commun leur système d'alerte pour mieux combattre les agressions sexistes ou sexuelles. Mais en réalité, non seulement le 31 17 (disponible vingt-quatre heures sur vingt-quatre) ne reçoit qu'environ 300 appels par jour, ce qui est bien peu, mais en plus la majorité de ces signalements viennent des agents eux-mêmes. Sur les 82 000 faits signalés en 2021, les trois quarts émanaient de contrôleurs ou de conducteurs. Seul 1 sur 5 émanait en fait réellement d'une victime, voire parfois d'un témoin. Mieux vaut sans doute ne pas rapprocher le coût de ce dispositif du nombre de personnes y ayant vraiment recours… *Quid* des chiffres sur le nombre d'affaires finalement résolues ? Sauf à ne pas avoir su les trouver, le silence radio des autorités régionales en la matière est en soi éloquent : en politique, on ne communique que quand les résultats sont bons… Et ce n'est certainement pas une décision inapplicable, comme le fait d'interdire les agresseurs de transports, proposition de la présidente de la région Île-de-France, qui changera quelque chose. En revanche, l'idée de créer une police régionale unifiée des transports, comme le souhaite Valérie Pécresse, pourrait peut-être accélérer l'intervention en cas d'agression. Mais au-delà de mettre sous une même autorité agents de la SNCF, de la Suge, de la RATP et du GPSR (Groupe de protection et de sécurité des réseaux), sans oublier les sociétés privées parfois chargées de sécuriser les bus, ce n'est que par une augmentation conséquente des effectifs, une présence constante, que l'on pourra vraiment, non seulement interpeller, mais aussi décourager une partie des agresseurs dans les transports en commun.

Certes, Gérald Darmanin a annoncé fin novembre 2022 dans un entretien accordé au journal *20 Minutes* sa volonté de « doubler » les effectifs de police dans les transports d'ici aux Jeux olympiques. Selon lui, alors que 10 % des Français se déplacent au quotidien via les transports en commun publics, ils sont 25 % en Île-de-France. Mais ce n'est pas en saupoudrant la France que l'on réglera le problème francilien. Traduit en chiffres, cela signifie passer de 1 675 policiers et gendarmes patrouillant dans les transports en commun à 3 510. Soit 1 835 agents supplémentaires, dont seulement 200 à Paris, qui concentre pourtant la majeure partie des vols et agressions. Après Paris, Lyon, Marseille et Lille, huit grandes villes (Bordeaux, Rennes, Orléans, Rouen, Strasbourg, Dijon, Nantes et Toulouse) vont donc se voir dotées de services de sécurité dédiés aux transports, avec 60 à 90 policiers par unité. Pour les villes de plus petite taille, 37 brigades de 10 à 20 agents dans les transports en commun seront créées. Faut-il voir dans ces annonces de Gérald Darmanin le verre à moitié plein ou à moitié vide ? Quand le ministre de l'Intérieur parle d'un objectif « zéro délinquance » pour les Jeux olympiques, pas besoin d'être voyant pour prédire ce n'est pas avec si peu d'hommes et de femmes que l'on pourra protéger autant de voyageurs, et de touristes, au quotidien. Comme j'ai eu la malchance de le constater moi-même, l'Île-de-France, la région capitale, est aussi la capitale de l'insécurité. Dit autrement, emprunter les transports dans Paris est un sport de plus en plus dangereux. En soi, cela peut sembler logique : après tout, la région regroupe près de 20 % de la population française, et son réseau de transports en commun est aussi l'un des plus vastes de France. Mais cela ne suffit pas pour autant à expliquer qu'en 2019 les faits de vols et violences aient augmenté de 29 % sur Paris. Et si environ 55 % des victimes sont des femmes, elles représentent en revanche 94 % des victimes d'agression sexuelle. Cette peur du viol, du pervers, est sans doute bien plus forte au quotidien dans l'esprit des Franciliennes que celle de la blessure. Quant aux 18-29 ans, malheureusement, si elles ne représentent en moyenne qu'un tiers des victimes déclarées (et c'est déjà beaucoup, surtout en y ajoutant toutes celles qui se disent que porter plainte ne serait qu'une perte de temps), elles constituent en revanche la moitié des victimes d'agressions sexuelles. De quoi mieux comprendre pourquoi, quand elles montent sur Paris, comme on dit, les jeunes femmes vérifient la dangerosité des lignes et des rues à emprunter au quotidien avant de louer leur future chambre… Et, sincèrement, elles ont bien raison d'y penser avant même de venir habiter Paris. Après tout, selon le SSMSI, en 2021 pas moins de 122 170 personnes ont été victimes de vols ou de violences au sein des réseaux de la RATP[6]. Sans surprise, encore, les auteurs d'agression étaient à 88 % des hommes. 36 % étaient identifiés comme mineurs et 56 % comme étrangers. Je ne me souviens pas d'avoir entendu les féministes contemporaines s'élever contre ce bilan. Elles avaient sans doute trop à faire avec la masculinité toxique des barbecues.

Quoi qu'en disent les politiques, les transports publics en France, et plus encore en Île-de-France, ont comme un air de nouveau Far West. Au lieu de pouvoir les emprunter sans s'en soucier, ils deviennent de plus en plus une source d'inquiétude, de peur au quotidien. À commencer par les femmes, premières victimes de ces agressions quotidiennes. Et il faut bien reconnaître qu'elles n'ont pas tort d'avoir peur de ce qui peut leur arriver dans les bus, les rames de métros et les wagons de RER : selon un récent rapport signé d'Interstats, le service du ministère de

---

6. SSMSI, *Interstats Analyse*, n° 48, septembre 2022.

l'Intérieur en charge de produire les statistiques sur l'insécurité et la délinquance en France, un cinquième des vols et violences sur le territoire ont en effet lieu dans les transports en commun. Un sur cinq, quoi de plus logique, avec des millions de voyageurs chaque jour ? Les vols et violences en surface comme en sous-sol se multiplient et rien n'y fait. Bien sûr, on pourrait se contenter de traiter à la légère des dizaines de milliers d'agressions par an dans l'Hexagone. Mais les vols avec violence représentent près d'un dixième de ce total et augmentent à une vitesse inquiétante. Quant aux agressions sexuelles, elles suivent la même pente. Je fais confiance à la place Beauvau. Je la crois quand elle recense ainsi plus de 300 victimes par jour dans les transports en commun dans l'Hexagone. En cinq ans, je n'ai vu qu'avancer l'agressivité du quotidien encore et toujours. Les vols et violences dans les bus, trains, tramways, métros et autres RER ne semblent pas connaître de limites. Cette violence dépasse largement la question du vol, pour devenir chaque jour de plus en plus gratuite. Un voleur de téléphone a-t-il besoin de frapper le visage d'une jeune fille de 20 ans contre la cloison du métro pour lui voler son iPhone quand la porte de la rame s'ouvre ?

Revenons un instant sur ce chiffre incroyable, inaudible : plus de 100 000 nouvelles victimes d'agression par an en France… La délinquance a augmenté, alors que le trafic stagnait au lendemain de la pandémie. Mais qui en a conscience, qui s'en rend seulement compte, qui s'en soucie ? Autant de collègues, d'amis, transformés en victimes *ad vitam* sans avoir rien demandé à personne. Quelques-uns y perdent la vie, d'autres conserveront un handicap permanent. Nous devrions faire un club, voire un parti politique : ce serait le premier de France, et de loin, tellement nous sommes nombreux… Il ne cesserait jamais de gagner de nouveaux adhérents, hélas. Et encore, les chiffres officiels ne prennent en compte que les affaires déclarées par les victimes et les services de police. Pour une victime qui oubliera presque cet aléa perdu quelque part dans son passé, et continuera d'avancer, pour une autre qui relativisera le préjudice subi pour mieux tenter de se reconstruire, combien garderont cela en elles toute leur vie, voire ne s'en remettront jamais ? Combien de Franciliens, de Parisiens, de Français, prennent le train, le bus ou le métro chaque jour ? Des millions. Combien finiront tôt ou tard victimes d'agression ? Des centaines de milliers. Les Franciliens doutent-ils seulement que la région où ils se trouvent se classe en tête des plus dangereuses ? Ici, dans la capitale et alentour, l'insécurité n'est ni une statistique, ni une hypothèse. En Île-de-France, finir, tôt ou tard, par se faire agresser est une quasi-certitude.

Sans surprise, selon les données du ministère de l'Intérieur lui-même, relayées en janvier 2022 par le quotidien *Le Figaro*, la région capitale figure en tête du classement des transports publics les plus dangereux. Quant à la capitale, c'est la ville de France où le niveau de dangerosité dans les transports en commun est de loin le plus élevé. Je suis bien placé pour le savoir… Signe particulier des agresseurs : ils sont de plus en plus jeunes, âgés de 13 à 29 ans dans les trois quarts des cas. Bien sûr, pour défendre l'image de la capitale en matière de sécurité, il serait facile de dire que les comparaisons chiffrées sont des plus compliquées hors homicides. Qui sont les principales victimes ? Sans aucun doute ceux que l'on qualifierait de « Français moyens », si tant est que quiconque veuille qu'ils existent encore et que ce terme recouvre une réalité tangible. Ainsi, selon les chiffres du ministère de l'Intérieur, en 2021, le profil des victimes est étonnamment homogène, surtout en Île-de-France :

73 % des victimes de vols sans violence, 71 % des victimes de vols violents, 79 % des victimes de coups et blessures, et même 83 % des victimes d'agression sexuelle sont d'origine française. Hors de la région, le constat est encore plus frappant, pour les mêmes catégories de faits, 85 %, 85 %, 88 %, et 95 % des victimes sont d'origine française… Quoi de plus logique, au fond, vu que nous sommes en France ? Mais l'ampleur du résultat peut surprendre : être français, et plus encore française, ferait-il de vous une cible d'agression en puissance ? La question mérite d'être posée. En novembre 2021, Gérald Darmanin osait affirmer que « la délinquance baissait partout sur le territoire national ». Cela ne coûte rien de le dire, mais les chiffres officiels ne racontent pas la même histoire. Quant aux chiffres officieux, il aura fallu attendre des années pour qu'un ancien ministre de l'Intérieur, Gérard Collomb, reconnaisse leur existence. Et leur caractère explosif.

Dans le vrai monde, dans la vraie vie, il ne se passe pas une journée sans que des hommes, et surtout des femmes, se fassent agresser sans raison sur le chemin du travail. Pas une journée sans que des femmes deviennent les victimes de malades, d'obsédés, de prédateurs incapable de réfréner leurs instincts, dans la rue comme dans les transports en commun. Face à cet ensauvagement de notre société impossible à masquer, à une perte de valeurs et de sens moral, il n'est peut-être par encore trop tard pour réagir, pour rassurer et protéger les Français. En janvier 2022, 67 % d'entre eux disent « [ne plus se reconnaître] dans les valeurs de la société française », selon les résultats du dernier baromètre de la confiance politique. Les trois quarts d'entre eux estiment que « notre pays a perdu sa boussole morale ». Ils sont 68 % à estimer que, « plutôt que d'accorder de nouveaux droits, ce dont notre pays a besoin, c'est d'une bonne dose d'autorité et d'ordre ». Seront-ils entendus ? Qu'il s'agisse d'agressions sexuelles ou d'homicides sur une compagne, une ex ou une passante inconnue, il faut bien reconnaître que les hommes sont toujours fidèles au rendez-vous de l'innommable. À quel moment cela cloche-t-il dans leur tête ? De qui s'inspirent-ils pour commettre de tels faits ? D'un père, d'un frère, de leur bande de potes ? Où se trouvaient leur père et leur mère au moment où il aurait fallu leur apprendre à respecter les femmes, toutes les femmes, toujours et partout ? Les différences culturelles, si elles ne sont ni à nier ni à sous-estimer, ont quand même bon dos. Rien n'empêche quiconque de réfréner ses instincts. Apparemment, personne ne leur a jamais expliqué que la rue n'est pas un vaste supermarché au sein duquel se servir à chaque fois que l'on voit une femme qui nous plaît. Que quels que soit leur tenue, leur beauté, leur âge, leur comportement, rien ne le permet et rien ne le justifie. Gardez vos frustrations pour vous, messieurs. On ne lève pas la main sur une femme, on ne la touche pas, ce n'est pas négociable. On ne l'aborde pas lourdement, on ne la harcèle pas, on la touche encore moins. Ces hommes n'ont-ils donc ni mère, ni sœur, ni fille ? Que diraient-ils, que feraient-ils si quelqu'un faisait la même chose à l'une de leurs proches ? Mais le bon sens n'a pas prise sur certains réflexes primaires solidement ancrés dans des esprits obtus.

Au final, combien de femmes, en ce si moderne XXIe siècle, prennent tous les jours les transports en commun à contrecœur, dans la crainte de pickpockets impossibles à arrêter, d'incivilités en tous genres et d'agressions pures et simples ? Et combien ont tout simplement renoncé, ni plus ni moins, à prendre les transports en commun. Par peur. Combien vivent, ressentent au quotidien ce si célèbre sentiment d'insécurité ? Vous n'imaginez pas la créativité d'une femme quand il s'agit de protéger sa vie. Je ne peux pas compter les femmes, les consœurs, les amies, les voisines, qui m'ont confié les mauvais moments qu'elles ont vécus dans la rue, dans les couloirs du métro et du RER, dans les transports. On entend souvent parler de la charge mentale des femmes au quotidien. Les courses, le travail, la vie de couple, les enfants… On exige des femmes d'aujourd'hui de tout réussir, vie personnelle et professionnelle. Elles doivent être fabuleuses en tous points, quitte à finir par craquer, que ce soit au premier enfant, au premier problème de couple ou au bureau. Quoi de plus contemporain. Mais dans cette masse qui pèse sur les femmes chaque jour de leur vie, on oublie la peur. Et ce alors qu'elle occupe une place de plus en plus importante dans leur esprit, et à juste titre. L'une se souvient de ce voisin qui lui a mis la main sur le genou, l'autre a renoncé à croiser les jambes quand elle prend le métro. Une collègue me raconte comment elle évite de mettre des talons quand elle prend le métro, afin que le bruit de ses pas n'attire pas un agresseur en puissance. Mais aussi pour pouvoir courir plus vite et s'échapper. Une stratégie de bon sens, mais le fait même d'y penser et d'y avoir recours montre à quel point l'inquiétude règne. L'autre me raconte ce soir où son voisin de rame a commencé à lui caresser la cuisse, et à quel point, sur le moment, elle s'est sentie tétanisée et impuissante. Personne n'est intervenu, elle n'a pas déclaré les faits : que fera-t-il à une autre la prochaine fois ? Pour autant, il est tout sauf certain que les caméras permettent d'identifier qui que ce soit, d'autant plus qu'il n'y en a pas dans les rames, et que bon nombre de celles présentes dans les couloirs ne sont en fait que décoratives. Une consœur m'a même avoué ne pas avoir choisi de se déplacer à vélo par un soudain souci d'écologie, mais parce que c'est la plus sûre des façons qui soient pour éviter agresseurs et agressions. Mais pas les accidents, en revanche… Et cette autre amie qui, elle, a carrément décidé qu'elle préférait affronter les bouchons plutôt que les obsédés et autres violeurs, que dois-je lui dire ? Que malgré les efforts constants de la mairie de Paris pour décourager quiconque de prendre le volant dans la capitale, elle a sans doute raison, plutôt que de prendre le métro ou le RER chaque jour la peur au ventre. Mais est-ce normal, au XXIe siècle, que tout le poids de cette insécurité repose sur les femmes, sur leur capacité à imaginer des stratégies d'évitement ? Est-ce acceptable que ce soit à elles d'abandonner les transports en commun par simple prudence, par pur instinct de survie ?

Alors, quand les femmes pourront-elles cesser d'avoir peur de se déplacer, de vivre, d'être simplement elles-mêmes ? Libérée du regard et des actes de ces hommes incapables de les respecter et de maîtriser leurs frustrations et leurs haines. Je repense tout particulièrement à cette jeune femme de 22 ans, violée en pleine rue au petit matin le dimanche 27 février 2022 à Saint-Germain-en-Laye, alors qu'elle rentrait en RER d'une soirée à Paris. Elle se dirigeait vers son domicile, et un homme présent à bord du train l'a suivie et l'a rattrapée. Elle ne pourra pas lui échapper. Certes, son agresseur, un homme âgé de 30 ans, déjà connu pour des faits de nature sexuelle, sera rapidement interpellé et interné en psychiatrie. Mais la question demeure : que faisait-il dehors ? Sa victime se posera cette question toute sa vie. Hasard de l'actualité, le même jour, quasiment à la même heure, à quelques minutes près, un sans domicile fixe afghan de 21 ans violait une femme de 27 ans en pleine rue à Villeurbanne. Son agresseur, qui l'avait suivie depuis le métro, sera rapidement identifié grâce aux caméras de vidéosurveillance. Face à toutes les agressions que subissent les femmes au quotidien, où sont donc les féministes des temps modernes ? L'insécurité des femmes dans les transports au quotidien devrait se trouver au sommet de leurs combats. Certes, le sujet est moins clivant, moins médiatique, moins politique. Mais on appelle tout simplement cela la réalité. On ne les entend tout simplement pas, ces combattantes pour la cause des femmes. Le sujet ne permet pas de faire succéder la lutte des sexes à la lutte des classes. Il est sans doute plus simple de parler de déconstruire le mâle, de sortir la société de son emprise patriarcale que de s'attaquer à ces hommes qui agressent sans cesse dans les trains, les rames et les bus. Oui, ces agresseurs sont quasi exclusivement des hommes, et les victimes quasi exclusivement des femmes d'origine française. Où est la justice, l'équité, dans tout cela ? Nulle part. Il est peut-être temps de mettre enfin sur le tapis, sous le feu des projecteurs, la question de l'insécurité vécue au quotidien par les femmes dans les transports en commun, à commencer par ceux d'Île-de-France.

Ces femmes, nos mères, nos compagnes, nos filles, aujourd'hui, ont peur, chaque soir et chaque matin, de prendre les transports en commun. Entre violence et impunité, cette peur insidieuse de l'agresseur, du frotteur, du voleur violent, voire du violeur, les accompagne à chaque déplacement, à chaque bruit de pas derrière elles dans les couloirs des transports le soir. À chaque fois qu'elles s'assoient dans un bus ou dans une rame. La drague lourde s'est transformée en agression en bande, le refus de donner son snapchat en claque. Tel père témoigne que ses jeunes filles de 19 et 21 ans regardent leurs pieds et mettent leurs cheveux devant leurs yeux dans le métro pour ne pas croiser les regards. Tel autre explique comment la femme d'un ami s'est fait agresser alors qu'elle démarrait sa voiture en rentrant d'un spectacle. Récemment encore, une jeune fille me confiait comment sa colocataire s'est fait agresser par un jeune homme alors qu'elle tapait le code de sa porte, peu avant minuit, un soir de fête de la Musique, dans un quartier pourtant réputé calme et sûr. L'autre jour, deux jeunes filles tout juste venues à Paris parlaient près de moi, dans un bar, de trouver une colocation sûre, dans un quartier rassurant, et dont les lignes qui y mènent ne soient hantées ni par les drogués ni par les violeurs. Autant de contraintes à ajouter au coût de la location dans le cahier des charges des futures jeunes Parisiennes. On est vraiment aux antipodes de l'image d'Épinal véhiculée par la série à succès *Emily in Paris*. À Paris, aucune femme n'est potentiellement à l'abri des appétits de ces prédateurs. Tu seras victime, ma fille… Qui souhaiterait transmettre un tel poids à son enfant ? Hélas, tant les femmes que les jeunes filles ont raison d'avoir peur.

D'avoir peur, ou d'apprendre à se défendre. Si mes fils ont privilégié l'escrime, j'avoue que je suis heureux de voir ma fille de 13 ans s'être inscrite à des cours de savate. Mais qu'il est triste de se dire qu'au-delà d'un sport utile et agréable, ce qu'elle y apprend risque un jour de lui servir pour se protéger d'un éventuel agresseur dans la rue ou dans les transports. D'ailleurs, à Paris, des associations se consacrent exclusivement à la formation des femmes à l'autodéfense. Il faut dire que le paradoxe est parlant : les salles sont majoritairement fréquentées par des hommes, quand les femmes représentent la majeure partie des victimes. Ainsi, en 2011, un ex-gendarme a créé une association aux initiales amusantes : Ladies System Defense. Grâce à Laurent Hennequin, femmes de tous âges, mères, filles, peuvent y apprendre les bonnes réactions à avoir en cas d'agression. Avec en prime des ateliers autour de scénarios adaptés à la réalité de ce qu'elles peuvent, hélas, vivre au quotidien. En plus d'une décennie, ce sont plus de 10 000 femmes qui ont été un tant soit peu formées à se défendre, et la demande ne cesse de croître. Comment, dans un tel contexte d'insécurité, ne pas être tenté de s'inscrire à l'atelier formation « Apprendre à se défendre dans les transports en commun » ? Anticiper le danger, bien l'évaluer, parvenir à l'éviter, savoir comment se déplacer et se positionner. Les plus positives gagneront en confiance en espérant ne pas avoir à en faire usage un jour, les plus inquiètes sauront maîtriser quelques bons réflexes pour sortir saines et sauves du métro ou du train. Ne serait-ce, par exemple, que de parler à celui qui vous agresse, de plus en plus fort, et de ne pas hésiter à crier pour attirer l'attention, et solliciter de l'aide. Et finalement affronter son agresseur si vraiment il n'y a plus d'autre choix… Voilà une trentaine d'euros bien investis pour savoir se défendre, tout en restant dans le champ de la légitime défense, du bon côté de la loi, sans tomber dans l'autodéfense. Car là est aussi un autre danger : à trop bien se défendre, certaines victimes peuvent aussi finir poursuivies en justice… par leur agresseur ! Le conseil le plus simple et le plus concret de ces formations contre les agressions : dans le métro, la meilleure place est le coin tout de suite à gauche ou à droite en entrant dans la rame. Dos à la cloison, proche de la porte, et avec une vue d'ensemble pour passer en mode radar et repérer un danger éventuel. À proscrire : les carrés à quatre places, et plus encore le siège près de la fenêtre, sans possibilité de fuite. Dire qu'au XXIe siècle, encore, une femme doit – aussi – penser à cela au moment de prendre le métro… En tout cas, savoir se défendre peut réellement sauver la vie d'une femme en cas d'agression : tout récemment, à Joinville-le-Pont, une élève policière en civil qui rentrait du stand de tir a été victime d'une tentative d'enlèvement par un homme d'origine africaine alors qu'elle traversait le bois de Vincennes pour rejoindre la gare du RER A. Agrippée, ceinturée et tirée par les cheveux, elle est néanmoins parvenue à lui échapper. Une femme non entraînée y serait-elle parvenue ? Aurait-elle pu échapper à un viol dans les sous-bois parisiens ? Je ne le pense pas.

Savez-vous comment gâcher un dimanche matin ? Il suffit d'écouter Clément Beaune, jeune ministre des Transports, interviewé à la radio dans l'émission politique du jour. Beaucoup de certitudes et d'éléments de langage, mais un pur produit de l'intelligentsia du moment. Parfois, on ferait mieux de couper la radio, d'éteindre la télévision et de mettre la consultation des réseaux sociaux sur pause. Cela éviterait de s'énerver tout seul. C'est ce que j'ai fait devant mon café, en l'entendant se vanter du formidable dispositif de sécurité déployé en vue des Jeux olympiques 2024 à Paris. Quelle vaste blague ! Moins de 2 000 policiers supplémentaires, et la création d'unités spéciales dans les transports, soit environ 200 hommes à Paris : est-ce vraiment avec cela que l'on veut stopper l'insécurité parisienne et francilienne, avec des centaines de milliers de touristes en plus dans les transports en commun ? Comme lors de la finale parisienne ratée de la Ligue des Champions, où Gérald Darmanin s'était empressé d'accuser les Anglais. Les visiteuses heureuses de découvrir Paris, cette ville si romantique, le seront moins de faire un virage par un commissariat, une fois dépouillées ou agressées sexuellement. Ce n'est certainement pas avec si peu de moyens que l'on va protéger tant les usagers habituels que les amateurs d'olympisme. Il est vrai que la place Beauvau a déjà dégainé l'idée de génie d'interdire tout autre événement en France durant l'été des JO, histoire de libérer des effectifs de police et de gendarmerie. Des effectifs privés de congés pour l'occasion, bien évidemment, et qui se demandent comment ils pourraient bien faire pour les rattraper par la suite, eux qui ne comptent déjà pas les heures de service, soirs et week-ends compris. Quand le ministre des Transports s'est mis à parler de la peur vécue par les femmes, j'ai encore une fois pu réaliser à quel point le réel n'atteignait guère les couloirs feutrés des ministères.

Certes, la conscience de la peur, voire de la résignation des femmes victimes d'agressions sexuelles en tout genre est au moins là. Mais au-delà, il ne faut surtout pas sous-estimer la hausse des violences sexuelles. La libération de la parole n'explique pas tout, quand les statistiques officielles enregistrent une forte hausse du nombre de violences sexuelles. Selon l'étude du SSMSI, le nombre de victimes de violences sexuelles est en très forte augmentation, que ce soit dans les transports en commun (+ 32 %) ou tous lieux confondus (+ 33 %). Comment nier quand on est ministre de la République que, loin des chiffres officiels, le nombre d'agressions sexuelles ne cesse en fait de croître ? Comment peut-on encore se contenter de se cacher derrière l'idée que l'on ose seulement en parler plus, que la hausse des chiffres n'est que le fruit d'une libération de la parole ? Entre insultes sexistes et agressions, les femmes ont raison de se sentir inquiètes. Mais il ne suffit pas de reconnaître que « toutes les femmes [...] au moins une fois au cours de leur vie subiront un geste, une insulte, un commentaire ou une agression sexuelle ou sexiste[7] ». En Île-de-France, six femmes sur dix se sentent en insécurité dans les transports et la situation s'aggrave. « Mon sujet n'est pas qu'il n'y en ait plus ou moins, mais qu'il n'y en ait plus du tout », a ainsi déclaré Clément Beaune. Je serais tenté de dire chiche, mais je n'y crois pas un seul instant, hélas. Cinq ans après ce qui m'est arrivé, je ne vois guère de progrès en matière d'insécurité en général et de violences faites aux femmes en particulier. Et si l'on parle plus des agressions sexuelles et sexistes, ce n'est pas parce que la parole se libère, mais parce qu'elles sont innombrables. En même temps, 16 % des hommes pensent encore qu'une femme agressée sexuellement est en partie responsable, selon le cinquième rapport annuel

---

7. Clément Beaume sur le plateau du Grand rendez-vous, CNews, 27 novembre 2022.

du Haut Conseil à l'Égalité, publié en janvier 2023. Dans la tranche d'âge 25-34 ans, ils sont 23 % à penser qu'il faut parfois être violent avec une femme pour se faire respecter. Voilà déjà près d'un jeune homme sur quatre qui ne risque pas de vouloir venir en aide à une femme se faisant agresser…

CHAPITRE 7

Alors, victime, c'est comment ?

Que rares sont ceux qui interviennent pour porter secours à un ou une inconnue, je n'ai pas mis longtemps à le comprendre, étant donné tout ce qui a pu m'être raconté, et demandé, au lendemain de mes mésaventures en sous-sol. Cela m'aura aussi, au passage, montré à quel point on ne connaît rien de la vie d'une victime tant que l'on ne l'est pas devenu soi-même. Alors, être une victime, c'est comment au quotidien ? J'avoue que, même en étant constamment immergé dans l'actualité et en tentant de me soucier de la vie des autres autour de moi, je ne m'étais jamais vraiment posé la question.

Cela me fait un peu penser à la question posée par Claude Rich, alias le druide Panoramix, juste avant le soliloque immortel d'Édouard Baer dans *Astérix et Obélix : Mission Cléopâtre* de Chabat : « C'est une bonne situation, ça, scribe ? » Sauf que, dans mon cas, la question exacte était plutôt : « Alors, c'est comment, victime ? » Au fond, c'est une bonne question. Et même des années plus tard, sans pour autant aborder le sujet par moi-même, cela ne me dérange pas d'y répondre. Quand on devient victime, un jour, sans l'avoir décidé ni choisi, il n'y a pas de bonne ou de mauvaise situation. On l'est, on le reste, et il faut faire avec. Est-ce que je le vis bien ? C'est autre chose.

Inévitablement, depuis cette agression ultra violente, je ne suis plus le même. Encore moins sociable qu'avant, c'est certain. Mon caractère est devenu plus dur, plus cassant, plus impatient. Je me fatigue et je m'énerve plus vite. Et même si je veille à garder le contrôle, j'en suis conscient. Parvenir à me maîtriser, à tenir la barre, est tout sauf évident. Syndrome post-traumatique ? Sans doute un peu, à mon échelle, qui n'est rien comparé à celle d'un soldat de retour du feu. Mais, même si j'étais sans doute déjà un peu comme ça (il faudrait demander à ma femme, dirait l'inspecteur Columbo), je suis désormais sujet à des colères soudaines, explosives, quand la douleur s'immisce en douce sans que je la repère et l'écarte à temps. Au gré des comprimés, la vague monte et descend, s'invite et s'évite à longueur de journée. Mes proches sont bien sûr les premiers à le vivre et à le constater : une victime d'agression peut vraiment devenir pénible à supporter au quotidien. Déjà que je n'étais pas un parangon d'amabilité avant… Je me sens tel le Drogo du *Désert des Tartares* de Dino Buzzati, à attendre une attaque qui ne viendra jamais. Parce que, dans mon cas, elle a déjà eu lieu, et que j'y ai survécu.

En tout cas, je suis devenu moins chochotte, ce qui n'est pas du luxe. Après avoir ressenti à quoi ressemble une vraie douleur, plus question de se plaindre au premier doigt coupé, comme tout homme qui se respecte. Je suis devenu plus dur au mal, mais c'est nécessairement le fruit de l'expérience. Je ne prétends pas que l'on ne s'habitue jamais à la douleur, c'est juste que l'on en mesure mieux l'intensité. La seule question que je me pose désormais est de savoir si c'est gérable ou intolérable, sachant que je connais ce qu'intolérable signifie. À choisir, il me semble que le nez cassé reste une des pires douleurs qui puissent être, tant elle irradie dans toute votre tête. Mais vu le nombre de fractures subies, difficile de définir exactement laquelle me faisait le plus souffrir. C'était un tout. Cela n'aura pas empêché l'infirmière des urgences maxillo-faciales de la

Pitié de se moquer de moi au moment de m'ôter les fils autour de mes yeux. « Les hommes devraient accoucher, ils se plaindraient moins d'avoir mal », m'a-t-elle balancé, pleine de bon sens, en arrachant les fils d'un bout coup. Ce n'est pas faux. Les femmes souffrent, les hommes se plaignent. En tout cas, tout cela a au moins permis à mon épouse de vérifier un point important quant à notre avenir en commun : si demain, en vieillissant, je suis aussi malade que pénible, elle est prête à le supporter. J'aimerais être aussi fort qu'elle pour affirmer la même chose ! Mais je sais bien lequel est le plus pénible des deux, et cela ne me fait qu'une raison de plus de l'aimer et de l'admirer.

En devenant une victime, j'ai aussi connu l'étrange plaisir de redécouvrir des évidences, des petits gestes. Le souvenir de la faiblesse me reste, cette crainte de rater une marche ou une bordure de trottoir et de ne pas se relever, la peur de me faire renverser par une trottinette… C'est donc cela que l'on ressent parfois en vieillissant ? Je n'ai clairement pas l'intention de ressentir à nouveau cela dans vingt ou trente ans, mais quand le corps vieillit, a-t-on vraiment le choix ? Jamais je n'aurais pensé qu'il faudrait que je réapprenne des petites choses, des petits plaisirs, comme oser mordre à pleines dents dans un sandwich, boire à la paille ou tout simplement siffler. Un sport en fait impossible quand vous ne ressentez plus du tout la présence de votre lèvre supérieure… Quant à sourire, je dois encore me perfectionner. Entre les muscles ankylosés, les miniplaques de titane et le fait que je ne souriais déjà pas beaucoup avant, ce n'est certainement pas un talent que je maîtrise. D'autant plus que je suis aussi devenu moins sociable. Certes, je pourrais très facilement me cacher derrière la pandémie, qui nous a tous coupés du monde au sens propre, renvoyés dans notre caverne personnelle dont nous sommes nombreux à être sortis à reculons. Moi, c'est de ma cave aménagée en salle de télévision que j'ai du mal à sortir. J'y ai passé tant de temps à attendre d'aller mieux, à enchaîner les séries sur Netflix. Dans l'obscurité, à l'abri des gens, à l'abri du monde, en quelque sorte. Un cocon rassurant où trouver refuge, loin des regards. Mais un jour, il faut bien ressortir. Et affronter les questions, y compris les plus ineptes. Nombreux sont ceux qui, après mon agression, m'ont demandé si j'allais ou non quitter Paris. Une interrogation que je peux comprendre. La tentation de rester dans ma bulle est là, celle de me réfugier en paix dans mon pays, en Bretagne, à écrire puis à marcher sur la plage est quasi omniprésente. Mais pour jouer à cela, il faut soit être seul, ne pas avoir de famille, soit ne penser qu'à soi. Alors, quitter Paris pour enfin retrouver mon coin de Bretagne, cela attendra. Et sans doute deux ans de plus, réforme des retraites oblige !

Résultat : oui, je prends encore et toujours le métro, presque tous les jours. D'ailleurs, une bonne partie de ces lignes auront été écrites entre les stations Château de Vincennes et Palais-Royal, ce qui est très chic. De l'avantage de monter dans une rame au terminus, de pouvoir s'asseoir, et sortir son ordinateur sans se le faire arracher des mains dans les deux minutes qui suivent. Mais qui volerait un PC de nos jours ? Seuls les smartphones intéressent les pickpockets parisiens. Et puis, soyons logiques une seconde : je travaille en plein Paris, je vis en périphérie, si je ne prenais pas le métro tous les jours, je me déplacerais comment ? En se mettant à ma place, ceux qui me demandent, et ils ont été nombreux, si je prends encore le métro, imaginent ou tentent d'imaginer le traumatisme que cela peut être de repasser constamment là où l'on a failli mourir. La crainte que cela puisse se reproduire. Bien sûr, à chaque fois que je repasse dans ce couloir à

Concorde, j'y repense et je revis la scène. Mais j'ai une nette tendance à ne pas consacrer d'énergie à ce sur quoi je n'ai pas d'influence : je dois prendre le métro, alors je fais avec. Et de toute façon, je ne suis pas assez riche pour avoir une limousine avec chauffeur (qui, soit dit en passant, serait strictement inutilisable, étant donné la manière dont tout est fait pour décourager les automobilistes de circuler dans Paris). Et puis les faits sont têtus, presque autant que moi : si je me suis fait agresser, c'est pour être intervenu dans une autre agression. Je le sais, je l'assume et je l'accepte, alors à quoi bon craindre une nouvelle mauvaise rencontre ? Si cela devait se reproduire, c'est que je l'aurais choisi, pas subi.

C'est d'ailleurs un point important me concernant, et je ne saurais dire si cela m'est propre ou bien si nous sommes nombreux à ressentir la même chose : oui, je suis une victime, mais je ne me ressens pas et ne me définis pas comme telle. Peut-être parce qu'au fond je m'y refuse, que cela représenterait une part de lâcher-prise, quelque chose que je n'aurais pas choisi dans ma vie, et que donc je ne peux pas accepter. Le bon vieux culte du libre arbitre a encore de beaux jours devant lui. Mais quoi de plus naturel que de vivre en croyant, ou en faisant semblant de croire, que nous sommes seuls aux commandes de nos vies, jusqu'à ce que mort s'ensuive. On vit, on meurt, on passe, c'est ainsi. Mais quand les faits vous obligent à vous rappeler que tout cela s'arrêtera tôt ou tard, inévitablement, et pas quand et comme on l'aura décidé, le réveil est brutal.

Le réveil est d'autant plus brutal que chaque jour de plus ne peut que me rappeler qu'il a eu lieu. Je ne suis pas immortel, comme le chantait si bien feu Bashung, mais comme tout le monde, je me plaisais à le croire. Vous connaissez le petit aphorisme de l'excellent Alphonse Allais : « J'ai décidé de vivre éternellement. Pour l'instant, tout se passe comme prévu ! » Comme tout le monde, ou presque. Car chaque jour où je me réveille en vie et en forme me rappelle que cela aurait pu ne pas être le cas. J'ai en même temps appris à mieux savourer chaque instant, à juger que quoi qu'il arrive, chaque jour de plus passé sur cette Terre est une chance, et à réaliser que cela n'a rien d'évident, de naturel, de gravé dans le marbre. Il y a toujours derrière chaque moment de bonheur sa part d'ombre, qui me rappelle que si j'étais mort ce soir-là, je n'aurais rien vécu de tout cela. Cela ne vient pas pour autant gâcher le goût de mes plaisirs, mais cela ajoute quand même une petite touche d'amertume au bonheur le plus sucré. Être victime, c'est aussi, en quelque sorte, être victime de soi-même, mais avoir été présent au mariage de mon fils aîné, en attendant d'autres bonnes nouvelles familiales, cela n'a pas de prix. Pourtant, nous vivons une époque des plus étrange, où tout le monde ou presque hurle à la discrimination, où le vivre-ensemble se résume de plus à une victimisation à outrance : chacun contre tous. Et si vous n'êtes pas du même avis, c'est nécessairement que vous êtes (ajouter le préfixe du jour)phobe. Désolé, mais si être heureux, se sentir bien dans sa peau est tout sauf le sport le plus évident qui soit, la société ne peut pas pour autant se métamorphoser en une vaste psychothérapie de masse. Chacun ses problèmes, nous en avons tous, et il faut bien apprendre à vivre avec. Mais peut-être faut-il être devenu une victime pour prendre un peu de recul sur ce quotidien vain au sein duquel les réseaux sociaux font office de miroir déformant, nous renvoyant l'image que nous voulons voir de nous-même tout en avilissant, en salissant notre âme?

CHAPITRE 8

Fiasco en sous-sol

« Il faut que tout change, pour que rien ne change », lit-on dans *Le Guépard.* Arrivée de Jean Castex à sa tête ou non, la RATP doit être de cet avis. Où était-elle, la Régie parisienne, quand cette jeune femme a été agressée devant moi dans un couloir du métro parisien ? Nulle part. Où a-t-elle été quand j'ai failli mourir dans l'un de ses couloirs ? Nulle part. Et après notre agression à tous deux, après que l'un comme l'autre avons porté plainte ? Aux abonnés absents, tout simplement. Silence radio total, néant absolu. Nada. Pas un mot, pas un appel. Pourtant, juste après être avoir repris conscience, deux agents de la RATP m'avaient demandé mon nom et mon numéro de téléphone. Je ne me souviens même plus, à vrai dire, si j'ai été capable de leur répondre à ce moment-là, mais je me rappelle avoir pensé que ce n'était vraiment pas le moment. Et, surtout des années plus tard, je me demande encore pourquoi ils me les ont demandées, ces informations. Où diable a-t-il fini, ce rapport d'agression ? Un parmi des centaines chaque jour, des milliers d'autres chaque mois. Dans quel tiroir poussiéreux que nul n'ouvrira jamais ? Un de plus, un de moins quelle importance, au fond ? La vie des uns n'est que la paperasse des autres. Dans quel sous-dossier informatique ont fini ces quelques lignes signalant qu'un homme de race blanche, la quarantaine, avait été agressé et assommé station Concorde par un autre homme, jeune, caucasien, non identifié et ayant pris la fuite ?

« Tout événement constaté ou signalé sur le réseau fait l'objet d'une traçabilité dans les systèmes d'information de la RATP. Il est d'usage de demander les coordonnées des personnes victimes ou témoins d'agression », m'a-t-on seulement répondu lorsque j'ai posé la question, sur un ton sobrement administratif. En tout cas, ce qui m'a frappé le plus, c'est le silence total de la RATP depuis ma mésaventure. Vous passez des années à prendre le métro tous les jours. Vous achetez des tickets par centaines, puis un abonnement mensuel par prélèvement automatique. Vous accédez à un espace payant, censé être réglementé, sécurisé, surveillé, au sein duquel on peut même vous mettre une amende pour avoir pris un couloir dans le mauvais sens. Mais si vous avez le malheur de vous faire agresser, personne ne vous contactera, jamais. Désolé. Vous n'existez soudain plus. On se croirait presque dans un *Mission impossible* avec Tom Cruise : si vous vous faites prendre, la Régie autonome des transports parisiens niera avoir eu connaissance de votre existence, et déclinera toute responsabilité. « Lorsqu'une personne est blessée sur le réseau, les agents préviennent les secours pour une prise en charge de la victime, m'ont récemment expliqué ses communicants. La RATP dispose également d'une cellule d'assistance aux victimes. Cette cellule apporte son soutien aux personnes victimes d'un événement traumatisant sur son réseau. » Si vous le dites… Étonnamment, je n'en avais jamais entendu parler jusque-là, et j'ai beau faire le test de temps en temps, à un guichet ou auprès d'un contrôleur, personne ne connaît cette cellule si secrète. Je ne sais toujours pas où et comment les contacter, ni combien ce service est censé compter d'agents… Mais, étant donné la vague d'agressions qui déferle sur les usagers des transports en commun franciliens, je ne doute pas que ce doit être une équipe conséquente au budget sanctuarisé. Non ?

Autre fait surréaliste : savez-vous que la Régie des transports parisiens ne conserve pas assez longtemps les images de ce qui se passe dans les couloirs dont elle a la responsabilité pour que quiconque puisse s'en servir ? Cela aura d'ailleurs été la première des nombreuses mauvaises surprises de mon parcours victimaire. Il ne vient absolument pas à l'idée de la RATP de conserver à sa propre initiative les images d'une agression dans ses rames ou ses couloirs. Même quand ses agents l'ont constatée en personne. Pourquoi ne pas le faire ? Ce serait sans doute trop logique, trop évident, trop simple. Serait-ce une question d'obsolescence technologique, d'absence de PC centralisé ? À cause de caméras trop anciennes et trop limitées ? Du fait d'une incapacité à stocker et préserver tant de données de façon sécurisée, étant donné le nombre d'agressions ayant lieu chaque année dans les transports en commun parisiens, haut lieu s'il en est de l'agressivité urbaine et de la violence gratuite ? Dans un premier temps, il m'a notamment été dit qu'on ne garde pas plus de deux ou trois jours les images d'une agression par souci de respect de la vie privée. Non pas celle des victimes, mais bien celle des agresseurs ! Dormez en paix, citoyens, on veille sur vous… Se retrancher derrière la loi et la CNIL pour protéger encore moins ses propres usagers, avouez qu'il faut quand même être doté d'un sérieux culot pour imaginer que cela satisfasse les victimes. Le plus étonnant est sans doute qu'au fil des décennies, et malgré la succession de hauts fonctionnaires à la tête de la Régie des transports parisiens, nul ne s'est jamais soucié de changer cela. Quand on voit la déferlante de lois plus ou moins essentielles, et plus ou moins appliquées, votées chaque année à l'Assemblée nationale, on se demande pourquoi nos représentants ne peuvent pas prendre quelques minutes pour voter une disposition simple : que les images soient conservées d'office et mises à la disposition des victimes, de la police et de la justice quand une agression est constatée. Si je n'obtenais que cela dans ce qui me reste à vivre, alors je serais en paix et j'estimerais que ma propre agression aura été utile pour d'autres victimes. Mais peut-être faut-il justement avoir été victime d'une agression pour y penser ? Ce qui ne risque pas d'être le cas de nos élus, puisqu'ils ne prennent pas les transports en commun. Moralité, en tout cas : mieux vaut ne pas être dans le coma, et encore moins mort sous les coups d'un inconnu dans un couloir de métro. Car si vous ne portez pas plainte assez vite, sous quarante-huit heures, jamais la police n'aura l'occasion de réquisitionner les images pour qu'elles soient, enfin, sauvegardées. Dommage, même si elles se révéleront inexploitables la plupart du temps, je le crains. Ce scandale digital, il aura fallu la quasi-invasion du Stade de France par des « Anglais », lors de la finale parisienne de Ligue des Champions, en mai 2022, pour que tout un chacun le découvre. Je n'ai pas l'impression, une fois l'émotion retombée, que quoi que ce soit ait changé par la suite. Mais le problème ne serait-il pas plus technique que juridique, en réalité ? En effet, tout récemment, les services de communication de la Régie parisienne ont fini par répondre à quelques questions, avec une retenue très politiquement correcte. « La RATP dispose de plus de 51 000 caméras de vidéo protection dont 15 000 dans nos seuls espaces », m'a-t-on ainsi expliqué (par écrit). « L'accès et la conservation des images de vidéoprotection sont encadrés par la loi, selon le Code de la sécurité intérieure, qui prévoit une durée de conservation de trente jours maximum. Pour des raisons de capacité de stockage, nous ne pouvons aller au-delà de 72 heures. Le dispositif de vidéoprotection dans les gares et station enregistre donc les images en continu pendant 72 heures. En l'absence de réquisition judiciaire, elles sont écrasées automatiquement par les nouveaux enregistrements. La RATP est rompue à ces procédures puisque l'entreprise traite plus de 7000 réquisitions par an. »

La RATP sait donc bien mettre et remettre en avant ses 51000 caméras de surveillance et les patrouilles de son millier d'agents de sécurité. Mais pas en stocker durablement les images. Dans les faits, c'est donc une remise à plat totale, tant technique qu'humaine, de la surveillance dans les transports en commun franciliens à laquelle il faudra réfléchir. À commencer par le fait de revoir la capacité de stockage des images, et la qualité d'enregistrement, à la hauteur du progrès technique : peut-on encore, à l'heure de Netflix, ne pas disposer d'assez d'espace pour conserver des images d'agression, et ne pas les avoir en haute résolution afin de faciliter une éventuelle identification ? Effectifs, équipements vidéo, liaison en temps réel, archivage, service d'aide aux victimes… Le fiasco en sous-sol est total, au vu du bilan. Tout est soit à créer, soit à repenser afin que chacun travaille avec tous, en temps réel. Une des solutions, partielles, à l'angoisse des passagers, faute d'être en mesure de réduire le nombre de délinquants, pourrait être le déploiement d'une vidéosurveillance efficace. Je dis bien efficace, afin de véritablement dissuader les agresseurs éventuels. Dans le long couloir de la station Concorde où j'ai failli laisser ma vie, j'ai pu voir, et apprendre par la suite, à quel point les caméras installées n'étaient en fait que décoratives, incapables de saisir des images de qualité, sous un bon angle, afin d'identifier vite et bien un suspect. Le moindre smartphone aurait obtenu un meilleur résultat… Et encore, si tant est que certaines des caméras de surveillance ne soient pas factices, allez savoir… À Londres, ville où l'on se trouve sous vidéosurveillance à chaque pas que l'on fait, que ce soit dans le métro ou dans les rues, mon agresseur n'aurait sans doute pas fait cinq minutes dans un couloir, surtout ivre et avec une bouteille à la main. Là-bas, de telles images ont notamment aidé à localiser rapidement des auteurs d'attentats, en remontant le temps et leurs déplacements. Quoi de plus simple et efficace, au fond ? Certes, on peut toujours en craindre un mauvais usage en termes de respect de la vie privée si cette omnisurveillance tombait en de mauvaises mains. Mais en démocratie, et en cas d'agression, de viol, voire d'attentat, de tels moyens de surveillance font gagner un temps précieux aux enquêteurs, contribuant ainsi à préserver la vie de futures victimes.

En quelques années d'usage intensif du métro parisien, j'ai bien sûr croisé par-ci par-là les agents de sécurité de la RATP. Et pas seulement à veiller sur des barrages de contrôleurs, le soir, dans les couloirs des lignes les plus fréquentées. Mais pas si souvent que cela, au fond, même si je n'emprunte peut-être pas au quotidien les lignes et les stations les plus dangereuses. Pour autant, il faut bien être sincère : ils ne brillent pas non plus par leur présence. Mais à qui la faute ? N'y aurait-il pas justement de nombreuses embauches à faire en la matière ? Sans aucun doute. Le GPSR, que l'on voit arborer l'inscription « Sûreté RATP » dans le dos de ses uniformes, est chargé de « protéger, assister et sécuriser tant les voyageurs que le personnel sur l'ensemble des réseaux bus, métro, RER et tramways gérés par l'entreprise ». Avec 1,48 milliard de voyages par an dans le métro, cela représente plus de 4 millions de voyages via le métro parisien chaque jour. Soit en moyenne près de 48 personnes prenant le métro chaque seconde à Paris et en Île-de-France. Seul hic : pour assurer la sécurité de cette foule innombrable d'usagers, le GPSR de la RATP compte à peine un millier d'agents et une centaine d'équipes. Pourtant, en 2018, la Régie parisienne écrivait sur son site : « Comptant parmi les seuls opérateurs de transport urbain au monde à bénéficier d'une internalisation aussi forte de la sûreté au sein de l'entreprise, la RATP considère la sécurité comme une composante de sa mission de service public et un élément essentiel de la continuité de service. L'entreprise y consacre des moyens humains, techniques et financiers conséquents et y travaille en coordination constante avec les forces de Police et les services de l'État. » Des moyens conséquents ? Dans les faits, on en est bien loin… En réalité, « le GPSR compte environ 90 équipes/jour sur le réseau RATP, voire moins », m'a-t-on confié incognito. La sécurité RATP est d'autant plus en sous-effectif que les salaires qui sont proposés ne sont pas assez compétitifs pour recruter. Notamment comparé à certains services, notamment la police municipale parisienne. Valérie Pécresse, présidente d'Île-de-France Mobilités, l'autorité organisatrice des transports, a présenté en octobre 2022 un projet de création d'équipe de surveillance et d'intervention propre à la région qu'elle dirige. Mais comment créer une brigade de sécurité régionale dans les transports en commun franciliens, avec des salaires encore inférieurs, et qui plus est sans arme ? Et ce alors que la RATP a en fait le monopole de la sécurité pour le Grand Paris Express, comme inscrit dans la loi d'orientation des mobilités ? De son côté, en parallèle des annonces de la place Beauvau, Valérie Pécresse a annoncé vouloir recruter 1 000 agents de sécurité supplémentaires d'ici à 2027 pour porter leur effectif total à 5 000. Affirmant qu'IDFM met 160 millions d'euros par an pour assurer la présence humaine pour la sûreté dans les transports, elle a même réclamé au gouvernement la création d'une police régionale unifiée des transports. Je ne saurais m'en plaindre, ayant partagé jadis avec ses services les aléas de mon parcours de victime. Reste à voir si, demain, les guerres politiques entre Régie, région et gouvernement se résoudront en faveur ou au détriment des futures victimes. Car c'est à elles que je pense, chaque jour, en imaginant l'agresseur de cette jeune femme, mon agresseur, toujours en liberté et dangereux. Quels faits encore plus graves a-t-il donc pu commettre depuis, sans jamais se faire arrêter ?

La présidente de la région Île-de-France, il faut le reconnaître, a commencé à se pencher sur le sujet à la veille, puis au lendemain des élections présidentielles de 2023. Elle a ainsi inauguré à l'été 2022 un CCOS (Centre de coordination opérationnelle de sécurité) au sein de la préfecture de police, visant à regrouper la supervision de toutes les caméras de vidéoprotection du réseau RATP, SNCF et de la police. Ce CCOS va désormais centraliser toutes les données liées à la délinquance sur les transports en commun franciliens, notamment celles de vidéosurveillance. Mais les vidéos seront-elles conservées durablement ? Toute agression entraînera-t-elle la conservation des images, même sans que la victime ait encore porté plainte ? Plus largement, notamment en vue des Jeux olympiques à Paris en 2024, se pose également la question d'un usage encadré de l'intelligence artificielle et de la reconnaissance faciale associées à la vidéosurveillance. La Cour des comptes a d'ores et déjà pointé les risques élevés en matière de transports et de sécurité. Des « risques à circonscrire », énonce-t-elle avec l'élégance que la caractérise, dans un rapport présenté à l'Assemblée et au Sénat. Selon elle, « les enjeux relatifs à la sécurité et aux transports restent des défis à relever et doivent faire l'objet d'une vigilance particulière des pouvoirs publics et du [comité d'organisation] ». Et concrètement ? La Cour des comptes recommande seulement de « planifier l'emploi des forces de sécurité intérieure en veillant à l'équilibre entre la couverture des besoins pour les Jeux et de ceux de la sécurité sur l'ensemble du territoire national ». Elle préconise également de « stabiliser les besoins de sécurité privée et établir les mesures alternatives pour pallier ses probables carences ». D'ores et déjà, le besoin d'agents en sécurité privée, plus de 20 000 *a minima*, risque fort de ne pas être satisfait. Pourront-ils compter sur la vidéosurveillance pour les assister ? En tout cas, une expérimentation commencera avant les JO, probablement à l'occasion de la Coupe du monde de rugby, et s'étalera jusqu'en juin 2025. Des systèmes de caméras de surveillance utilisant l'intelligence artificielle pourraient ainsi être installés pour les JO 2024, au sein des enceintes sportives et aux abords des transports desservant les lieux accueillant les compétitions. En sus de drones, l'intelligence artificielle pourrait permettre d'analyser, détecter et signaler en temps réel certains comportements ou objets suspects. L'algorithme serait ainsi capable de détecter un mouvement de foule, un colis abandonné ou encore une personne au comportement anormal. Toutefois, la CNIL a appelé à ne pas avoir recours à la reconnaissance faciale en mode « open bar ». Espérons que les agresseurs feront preuve d'autant de retenue.

À vrai dire, aurait-on pu retrouver mon agresseur en soumettant son visage à une IA scannant les images des 80 000 caméras de surveillance présentes sur le réseau de transport francilien ? Sans doute. Cela aurait-il porté atteinte à ses droits ? Si tout homme a droit à être défendu, pouvoir localiser et identifier un suspect aiderait grandement à résoudre plus d'affaires, incitant par là même les victimes à porter systématiquement plainte. La présidente de la région Île-de-France s'est d'ailleurs dite favorable à l'utilisation de l'intelligence artificielle comme de la reconnaissance faciale, notamment pour repérer « des personnes terroristes dangereuses recherchées ». D'ailleurs une expérimentation serait déjà menée en la matière côté SNCF, et plus d'un million d'euros a déjà été consacré par Île-de-France Mobilités au laboratoire d'intelligence artificielle de la RATP. Là aussi, élargir son usage ne peut que passer par la loi. « Parce qu'on est en risque terroriste, ça me paraît important d'apporter plus de sécurité avec une restriction minime de liberté puisqu'il s'agit juste de déterminer, si la personne qui passe le portique est une personne recherchée, a ainsi estimé Valérie Pécresse dans les colonnes de *20 Minutes* en octobre 2022. La perspective des JO devrait nous amener à traiter ce sujet. Le gouvernement ne veut pas en parler, c'est tabou. Je pense qu'il faut briser le tabou et regarder dans quels cas cela se justifie. » Comment imaginer que les dizaines de milliers d'agressions, et notamment de femmes, dans les transports franciliens, ne le justifie pas tout autant que la lutte contre le terrorisme ?

Un autre sujet me pose encore et toujours question, qui peut sembler stupide de prime abord, mais en fait essentiel : qui est responsable, au bout du compte, quand vous vous faites agresser ? De qui est-ce la faute, au-delà de l'agresseur lui-même ? Pour ma part, j'ai fait le choix de ne pas poursuivre la RATP, de ne pas exiger de la Régie parisienne des dommages et intérêts conséquents pour avoir failli ne pas ressortir vivant de ses tunnels. J'aurais sans doute pu, j'aurais peut-être dû. Outre-Atlantique, une armée d'avocats m'aurait proposé d'intenter une action contre un pourcentage des sommes obtenues. Mais je ne l'ai pas fait. Pourtant, j'aurais vraiment aimé savoir si et quand la Régie parisienne considère qu'elle doit assumer sa part de responsabilité quant aux agressions commises en son sein. Après tout, il suffit que nous, usagers, arpentions ses couloirs sans billet, en trottinette, voire simplement dans le mauvais sens, pour recevoir une amende. Impossible d'échapper, d'ailleurs, aux rangées de contrôleurs accompagnés des services de sécurité. Mais que l'accès aux couloirs, rames et wagons soit payant devrait avoir pour corollaire une certaine sécurité, une confiance fondée sur notre contribution financière pour y accéder. N'est-ce pas, au fond, une forme de rupture du contrat liant l'usager à la RATP, ou à tout autre organisme de transport public ou privé d'ailleurs, que de se faire agresser en empruntant un bus, un métro ou un train ? La question ne se poserait sans doute même pas à bord d'un avion, et au fond, mis à part les ailes, quelle différence ? Je ne connais pas la jurisprudence à ce sujet, mais je ne serais pas surpris de voir les services juridiques de ces entreprises publiques jouer de toutes les arguties pour ne rien payer, ou le moins possible, aux victimes. Quitte à invoquer, par exemple, qu'elles ne peuvent pas prouver qu'elles avaient le droit d'être là, qu'elles étaient bien en règle au moment de leur agression. Voire, puisque l'art du droit est bien souvent de trouver la faille, de contourner la loi plutôt que de la respecter, de se considérer comme responsable uniquement de ce qui se passe à bord, dans les bus et rames, et non de ce qui pourrait vous arriver sur les quais et dans les couloirs. Qui est responsable ? À la fin, ce sera bien souvent la victime.

Soyons clairs : je n'ai jamais, depuis 2017, été contacté au sujet de mon agression par la RATP. C'est même moi qui ai fini par tester ses services clients via Twitter sur le sujet. Son service communication m'a pour sa part fort bien vanté les opérations de sensibilisation au harcèlement dans les transports. Certes, la mise en place du numéro d'appel 3117 est une bonne chose, même s'il est bien peu utilisé dans les faits. Toutes actions de sensibilisation sur le harcèlement dans les transports en commun, comme celles récemment initiées, sont les bienvenues. Mais en fait, au sein même de la tentaculaire Régie des transports parisiens, personne ne s'occupe, ne se soucie, vraiment des victimes. Soit, mais qui peut me donner l'adresse mail ou le numéro de téléphone du service dédié au suivi et à l'écoute des victimes au sein de la Régie des transports parisiens ? C'est sans doute tellement plus simple, et moins onéreux, il faut dire, de laisser les associations d'aide aux victimes porter le poids des drames et des douleurs…

Pourquoi n'ai-je jamais eu la moindre nouvelle de la RATP après avoir été agressé ? Ne serait-ce que pour savoir comment j'allais, si je voulais en parler à quelqu'un. À quoi bon me demander mes coordonnées, une fois revenu à moi, sinon ? Ma deuxième question demeure, hélas, d'actualité : quand existera-t-il un service d'aide aux victimes au sein de cette entreprise publique ? « La RATP a juste un service commercial pour répondre aux voyageurs et un service communication pour répondre à la presse », confirme d'ailleurs une source maison. Mais pas de service dédié à l'accueil et à l'accompagnement des victimes, de tant de victimes. Quel scandale : parfois, c'est ce qui est le plus visible, de par son absence, que l'on remarque le moins. Je vous propose un simple jeu : rendez-vous sur le site de la RATP, tapez le mot « victimes » dans son moteur de recherche interne et voyez ce qui en ressort. Majoritairement des communiqués de presse, et rien avant 2019. Il faut même attendre 2022 pour voir un programme de lutte contre le harcèlement dans les transports. Il n'est jamais trop tard pour bien faire. Mais cela veut aussi dire que rien ou presque n'a été fait par la RATP durant des décennies entières pour les victimes d'agression. Créer une direction des victimes, un service de soutien aux victimes, serait-ce trop demander, trop investir pour une entreprise qui gagne tant en gérant les transports en commun d'autres grandes villes ? C'est comme s'il n'était nécessaire de se soucier de rien, sous prétexte qu'il existe déjà des associations d'aide aux victimes. Un peu comme ne pas se soucier de nourrir les Français sous prétexte qu'il y aurait les Restos du cœur pour distribuer à manger. Ce n'est que pour pallier les lacunes du système que tout cela existe. Tout cela donne l'impression, au fond, que la Régie parisienne ne se sent ni concernée ni responsable de ce qui nous arrive à nous, ses usagers. Ni moralement, ni juridiquement. Nul n'assume les violences commises dans les couloirs, les rames, wagons et bus. Je me suis un moment dit que ce serait une vaste perte, de temps et d'argent, de porter plainte contre la RATP pour ne pas avoir su garantir la sécurité de cette jeune femme, et la mienne. Pour avoir laissé un homme ivre et violent libre de ses mouvements en pleine heure de pointe. Pour ne pas avoir aidé à le retrouver. J'aurais sans doute dû, mais intenter un procès, c'est aider le passé à s'inviter constamment un peu plus dans le présent. C'est sans doute la chance des véritables responsables de ces morts et de ces blessures : les victimes ont rarement du temps à perdre à leur demander des comptes.

C'est d'ailleurs le propre de toute victime : nous sommes une multitude, mais nous sommes seuls. Chacun avec sa douleur, ses séquelles, son histoire. Quand on passe de l'autre côté du miroir, rien n'y fait, rien ne peut le changer, on se sent seul au monde. Malgré la compassion et le soutien des proches, des amis, on reste seul prisonnier de sa douleur. On se sent même plus ou moins coupable d'être victime, en partie responsable, paradoxalement, de ce qui nous arrive, de ce qui est venu fiche en l'air un quotidien plus ou moins bien rodé depuis tant d'années. À qui la faute, au fond, cet enchaînement de circonstances qui vous ont amené à cette seule et unique réalité : vous vous êtes fait agresser ? À soi-même, se dit-on. On obtient ainsi la plus cruelle des inversions : la victime finit par se sentir coupable. *Coupable d'avoir été victimes* est d'ailleurs le titre d'un excellent documentaire sur le sujet. Rien n'est plus vrai : à la longue, on se sent coupable d'avoir été là, au mauvais endroit au mauvais moment ; ou d'être intervenu ; ou de ne pas avoir vu venir les coups ; ou encore de ne pas les avoir évités. Cette culpabilité se double d'un sentiment d'impuissance : on ne peut pas remonter le temps, ni changer le cours des choses, empêcher de nuire le vrai coupable – celui qui agresse, frappe, harcèle ou viole. On l'a vu : la RATP ne nous y aide pas. La justice pas davantage.

Le fiasco de la RATP, dans mon affaire comme tant d'autres, n'a d'égal que celui de la justice. La raison : une lenteur monstrueuse, conséquence du manque de moyens. Certes, je ne prends pas mon cas pour une généralité, et j'ai eu la chance rare d'être accompagné à chaque pas par le cabinet d'avocats de mon employeur d'alors. Des professionnels toujours disponibles, sensibles et à l'écoute. Sans eux, je ne m'en serais jamais sorti. Mais la justice, elle, combien de temps met-elle pour suivre son cours ? En ce qui me concerne, mon agresseur n'a jamais été retrouvé, et l'affaire a rapidement été classée sans suite. Et après, que se passe-t-il ? Vous devez tout de même faire l'objet d'une expertise judiciaire afin d'évaluer la gravité de vos blessures, à quel point vous êtes durablement touché, et à quel point, à l'inverse, vous êtes remis. Vaste sujet… Seul hic : si certains médecins sont inscrits et reconnus comme experts judiciaires, ils sont bien peu au final, et par ailleurs bien trop occupés pour accepter de nouvelles expertises.

Dans mon cas, le tribunal de Paris, celui qui traite le plus grand nombre d'affaires dans l'Hexagone, a désigné un premier médecin expert afin qu'il se penche sur mon cas. À force de relance, au bout de plusieurs mois, mon avocat a fini par apprendre qu'il ne souhaitait pas s'en charger. À quoi bon inscrire sur sa plaque et sur ses cartes « expert auprès du tribunal de Paris », dans ce cas ? Il faut alors que le tribunal le révoque et en nomme un nouveau, le suivant sur la liste. Ce qui fut fait : rebelote. Même refus, sans commentaires, mais encore des mois perdus, à rester prisonnier du passé, faute de pouvoir refermer ce dossier, clore le sujet pour de bon, ne serait-ce que symboliquement, en passant devant la justice. Mais cette fois, mon entêtement, mon énervement ont repris le dessus ; j'ai décidé d'appeler directement ce médecin afin de comprendre les raisons de son manque d'intérêt pour mon cas. Et étant donné sa réponse, ce n'est plus vers lui que s'est tournée ma colère, mais vers le garde des Sceaux. On peut organiser tous les états généraux de la justice que l'on veut, si l'on n'y met pas les moyens, les rouages de la justice se grippent, irrémédiablement, et les victimes demeurent *ad vitam* enferrées dans le souvenir de leur agression, noyées dans une procédure dont elles finissent par avoir l'impression de ne jamais sortir. En effet, ce médecin expert m'a rapidement avoué avoir déjà des dizaines de dossiers d'expertise tels que le mien en attente. D'où le fait, en toute franchise et en toute honnêteté, de ne pas vouloir ajouter des noms à une déjà très longue liste de patients très patients. Mais, m'expliqua-t-il alors, l'autre raison de ces mois, de ces années d'attente pour une simple expertise judiciaire serait tout simplement liée, encore une fois, au manque de moyens de la justice en France : l'État, le ministère de la Justice, étant mauvais payeur, payant peu et très en retard, rares sont les médecins à vouloir encore jouer le rôle d'experts pour son compte.

Résultat de cet état de fait tout simplement lamentable pour les nombreuses victimes en souffrance (au propre comme au figuré) : j'attendrai au final près de trois ans avant de pouvoir être soumis à une expertise judiciaire. Et encore, parce qu'un médecin militaire a eu le courage, le dévouement, de sortir de sa retraite pour officier au sein de l'hôpital militaire de Percy. Sans lui, combien de mois aurais-je encore dû attendre avant de pouvoir voir mon cas passer devant le juge, de pouvoir expliquer mon ressenti à la barre ? Je ne sais pas si d'autres victimes ont vécu la même chose, mais je n'en serais pas surpris. En plus de la pénurie de juges, de la détresse des avocats et greffiers, des logiciels préhistoriques, le manque de moyens de la justice en France retombe également, en bout de chaîne, sur les victimes elles-mêmes. Ces victimes, chaque année plus nombreuses, demeurent invisibles, car solitaires. Chacune reste engluée, emprisonnée dans sa propre histoire, son drame personnel. Bien souvent, faute de moyens pour la justice, elles doivent patienter des années avant de bénéficier d'une expertise judiciaire, d'un procès ou d'une éventuelle indemnisation. Je me souviens qu'Emmanuel Macron a déclaré, au soir de sa réélection, vouloir être le président de tous. Fasse qu'il n'oublie pas d'être, aussi, de temps à autre, celui des victimes.

Au fait, combien vaut votre vie ? Répondre à cette question constitue, je l'avoue, une expérience étrange. Sur une feuille, un jour, j'ai pu mesurer ce que valait la mienne. Quand on est victime d'agression, il faut bien évaluer les choses, déterminer un préjudice exact, en fonction de barèmes les plus objectifs possible. Ceux qui s'appliquent pour l'indemnisation des victimes sont loin d'être les plus généreux de la

Terre, vous pouvez me croire! Mon avocat a protesté en voyant la somme sincèrement risible proposée par l'État pour m'indemniser du préjudice subi, comme on dit. Pardon de ne pas être mort, ai-je eu envie de répondre en lisant cela… Si cela n'a rien changé à la préconisation du médecin expert, et je ne lui en veux pas, cela aura fait la différence à la barre. Un lieu unique où, face aux juges, les faits s'expriment dans tout ce qu'ils peuvent avoir de cru, de violent. Les raisons d'une agression remontent alors à la surface. Et j'ai pu retrouver, face au juge, une certaine fierté pour avoir été gravement blessé pour la plus belle des raisons : avoir pris la défense d'une inconnue. D'après la durée impressionnante de mon interruption de travail, à la lecture des blessures et fractures, ce juge, humain s'il en est, a à son tour estimé que rares, très rares, étaient ceux qui intervenaient, et que ce que j'avais fait ce soir-là était héroïque. Je l'ai écouté, et je l'ai cru. Car à la fin, la justice finit par être rendue, d'une façon ou d'une autre. Certes, elle n'a pas fonctionné parfaitement me concernant, puisque mon agresseur court toujours. Ce qui ne m'empêche pas de penser, et de dire, que si les mêmes circonstances se représentaient, je referais exactement la même chose, quoi qu'il en coûte, quoi qu'il m'en coûte. Pour une affaire bouclée, classée sans attendre, combien n'aboutissent hélas jamais ? Selon l'analyse inédite publiée en février 2022 par Interstats, 28 % des homicides, 44 % des violences sexuelles, 86 % des vols avec violence et 93 % des vols sans violence n'étaient pas élucidés en 2015. Et encore, on ne parle là que des faits répertoriés : combien de victimes ne portent même pas plainte ? Mais il arrive aussi, heureusement, que des affaires soient résolues, et qu'elles le soient rapidement. Ainsi, fin décembre 2022, un chanteur congolais de 40 ans a été condamné pour des violences homophobes, après avoir donné un coup de poing à une femme embrassant sa petite amie sur le quai du RER A, aux Halles, à Paris. À peu près au même moment, à Mont-Cenis, une équipe du GPSR interpellait un individu pour viol, violence et vol de téléphone sur une victime mineure. Parfois, les coupables paient.

CHAPITRE 9

Ma deuxième vie

Mais les victimes paient aussi, même après leur agression, dans leur nouvelle vie. Elles habitent souvent un nouveau corps, plus douloureux. Il y a surtout des changements psychologiques. Dans ma propre nouvelle vie, j'ai découvert ce mimétisme au faux air d'égoïsme : chaque fait divers lu dans la presse devient le mien, chaque violence réveille en partie en moi les souvenirs des coups reçus. Chaque nouvelle agression me ramène à la mienne, inévitablement. Suis-je le seul à réagir ainsi, à garder en permanence un radar sur l'actualité, à repérer sur Twitter la moindre affaire pour me jeter dessus et en dévorer les circonstances ? Et finir par me dire, selon les cas, que j'ai eu plus ou moins de chance que cette nouvelle victime… Comme on dit, quand on se compare, on se console. Pour autant, en réalité, la cicatrice d'une agression ne se referme sans doute jamais vraiment. Chaque fait divers la ravive, l'irrite, et vous ramène à vous-même. À vos maux, à vos douleurs, à un passé constamment présent. Est-ce une forme d'égoïsme, cette propension à tout ramener à son cas, à tout comparer à ses blessures ? Oui, d'une certaine façon. Mais c'est aussi, au contraire, une façon de se reconnaître dans chaque victime. Ce mimétisme est une réaction à l'ensauvagement, qui, naturellement, suscite d'abord la peur.

Rien n'est plus contagieux que la peur. Or la peur engendre la colère. Et cette colère, tôt ou tard, a toutes les chances de nourrir la violence en retour. Pas besoin d'être grand clerc, il suffit au fond de lire les journaux, notamment la presse locale, pour constater, ressentir la violence gratuite grandissante qui nous entoure, et pas seulement dans les grandes villes. Et encore, nous ne voyons que l'écume des choses, la surface du drame. Comparé au nombre incroyable d'agressions ayant lieu chaque année dans l'Hexagone, seule une infime minorité d'entre elles parviennent en réalité jusqu'aux rubriques faits divers de nos médias préférés. Sinon, ce serait tout simplement la révolution. Du moins, je le suppose… Or à force de ne pas se soucier des victimes, il est à craindre qu'elles finissent par se soucier d'elles-mêmes, par leurs propres moyens.

Combien de fois cette idée m'a-t-elle, à vrai dire, trotté dans la tête, alors que je reprenais le métro ? Et si je glissais un couteau dans ma poche ? Si je prenais avec moi une matraque télescopique, une fine lampe de poche en métal, une bombe à poivre ? Quelque chose qui me permette de me défendre, de faire pencher la balance en ma faveur, de prendre sûrement l'avantage en cas de nouvelle agression ? Après tout, nul n'est à l'abri de se retrouver une nouvelle fois au mauvais moment au mauvais endroit. Mais alors, je ne serai plus du même côté de la loi. De la simple légitime défense, on entre alors dans le cercle vicieux de la violence pour se défendre, par crainte de se faire attaquer. De victime, vous voilà soudain devenu coupable potentiel, passible de poursuites de la part de celui qui voulait s'en prendre à vous. Pour ma part, mes réflexes de juriste de formation ont rapidement repris le dessus. J'ai abandonné cette idée.

À mes yeux, la loi n'est pas à géométrie variable, selon qu'elle nous plaise ou non. Mais tout le monde n'est pas du même avis, et je peux facilement le comprendre. Déjà, dans certaines banlieues de l'Hexagone, des descentes punitives sont organisées, après l'agression de trop. Des milices locales informelles se constituent pour régler les comptes sans passer par la justice, puisque porter plainte ne servirait pas à grand-chose. Et est-ce si faux, au fond ? Néanmoins, d'après un sondage Ifop réalisé pour le JDD en janvier 2022, 65 % des Français jugent qu'en France à l'heure actuelle la justice fonctionne mal. Après tout, je pourrais très bien penser la même chose : mon agresseur n'a jamais été retrouvé, et si peu recherché, avant que mon affaire ne soit très rapidement classée. Entre manque de moyens et influence de l'idéologie sur les décisions de justice, les jurisprudences, et donc notre société dans son ensemble, difficile de leur donner tort. Selon l'enquête « Fractures françaises » menée par Ipsos pour le compte de la Fondation Jean-Jaurès en 2022, 89 % des Français ont le sentiment de vivre dans une société violente. 87 % estiment même que la violence dans la société augmente beaucoup, avec une crainte de plus en plus forte de subir une agression dans l'espace public.

Et demain, que se passera-t-il ? Certes, la France n'est pas le Texas, et le port d'armes n'y est pas autorisé, et encore moins le fait de tirer sur son agresseur et de l'abattre pour se défendre. Mais faudrait-il vraiment s'étonner, au-delà des stages d'autodéfense que les femmes commencent à suivre, que dans de telles conditions d'insécurité croissante, de plus en plus de nos concitoyens, et de nos concitoyennes, prennent la décision, légale ou non, de s'armer ? De s'inscrire à un stand de tir et de s'y entraîner à viser. Moi-même, j'avoue y avoir pensé plus d'une fois : fallait-il que je porte une arme sur moi pour retourner dans le métro, en première ligne ? Comment reprocher, dans ce que l'on appelle une « France Orange Mécanique[8] », à des hommes et des femmes de porter sur eux une matraque ou une bombe à poivre afin de se protéger, quand on peut se faire battre à mort pour une place de parking ou poignarder dans un couloir de métro pour avoir voulu protéger sa petite amie agressée pour son téléphone portable ? La crainte est de voir la France être peu à peu victime d'une certaine mexicanisation : une société où, face à la faillite de l'État, l'autodéfense devienne la règle. Se dirige-t-on irrémédiablement vers une France de justiciers, où chacun décidera de se faire justice lui-même. Le récent passage à tabac d'un homme pour une agression sexuelle qu'il n'avait pas

8. Laurent Obertone, *La France Orange mécanique*, Ring, 2013.

commise suffit pour souligner toute la limite de l'exercice. Cette réaction du père de la victime présumée va en réalité au-delà du simple fait divers de plus. Le souci est plus large : comme le soulignait récemment Dominique Reynié, directeur général de la Fondation pour l'innovation politique, dans un entretien avec Eugénie Bastié pour *Le Figaro*, « l'État doit faire en sorte que le citoyen n'ait pas de raisons de recourir à la violence privée ». Or la perte de contrôle de l'État sur son territoire et les individus qui y circulent finit par y contraindre. En d'autres termes, chacun comprend cette fois que l'événement dramatique n'est plus exceptionnel et qu'il aurait été possible d'en empêcher l'avènement. » Comment ne pas en arriver au réflexe d'autodéfense ? Au-delà des réactions individuelles, on commence ainsi à voir émerger des formes collectives de mobilisation face à l'insécurité. Et comment s'en étonner ? Après tout, la sûreté ne fait-elle pas partie des droits naturels dits imprescriptibles énumérés dans l'article 2 de la Déclaration des droits de l'homme et du citoyen. Aux côtés de la liberté, la propriété, la sûreté, et la résistance à l'oppression. La sécurité des personnes et des biens fait partie de ce que tout État doit à ses citoyens. Il faut dire, comme le rappelait Dominique Reynié dans son entretien avec Eugénie

Bastié, que « la sécurité n'est pas un service public comme les autres, c'est celui qui les conditionne tous ; de même, la sûreté n'est pas un droit comme les autres mais celui qui les conditionne tous. »

Une voix porte de plus en plus dans un monde politique de nos jours tristement peuplé de troisièmes couteaux, au gouvernement comme au Parlement. Celle de David Lisnard, qui prend au sérieux dans sa ville de Cannes la question de l'insécurité au quotidien ; et le fait savoir. Dans une tribune publiée par le *FigaroVox* en septembre 2022, il allait jusqu'à parler d'un véritable processus de décivilisation, de nos jours, en France. Et ce au lendemain de l'agression violente d'une octogénaire par deux mineurs, un troisième filmant les faits. « Quels que soient l'heure ou le lieu, plus personne n'est à l'abri. Les mineurs violents sont de plus en plus jeunes. Et il n'existe pas de code d'honneur. [...] On peut affirmer que nous aurons bientôt des meurtriers âgés de 13 ans », soulignait-il. Refuser de prendre des sanctions fermes à l'encontre de jeunes délinquants absolument désinhibés revient à mettre en danger tous les individus qui croisent leur chemin. Selon lui. Pour le maire de Cannes, « le niveau d'ensauvagement du pays est le reflet d'une "décivilisation" caractérisée par la loi du plus fort, le non-respect dû aux anciens et même de la vie humaine. » Et si nous en sommes arrivés à un tel niveau de barbarie, c'est « notamment à cause du refus des gouvernements successifs de reconnaître ce problème ». Je ne peux changer une virgule à ce constat. Mais il explique aussi le risque croissant de voir des victimes décider de régler le problème par elles-mêmes. La prochaine étape, face à cette décivilisation doublée d'une véritable culture de l'excuse, sera sans doute l'explosion de l'autodéfense. Pour lutter contre cette tentation, David Lisnard propose quant à lui de condamner à un séjour court en prison dès la première agression physique avec un quantum important de sursis, pour ne pas laisser s'installer dans l'esprit de ces jeunes un sentiment d'impunité les incitant finalement à récidiver. À cela devrait s'ajouter un abaissement de l'âge de la responsabilité pénale pour que l'excuse de minorité soit automatiquement levée au-delà de 16 ans, et qu'entre 13 et 16 ans, elle ne porte plus que sur 20 % de la peine encourue et non plus sur 50 %. Ce serait déjà cela, vu le nombre croissant d'agresseurs mineurs, ou prétendant l'être, dans les transports en commun. Tout cela ne fait que nous rapprocher, peu à peu, de la perte par l'État du monopole de la violence légitime. La raison d'être de l'État est, notamment de ne pas laisser à chacun le pouvoir d'assurer sa propre sécurité. De faire que les citoyens ne puissent ni ne veulent recourir à la violence privée. Mais la légitime violence n'est pas loin : selon l'enquête sur la démocratie publiée par la Fondapol en février 2022, de plus en plus de citoyens pensent qu'on ne pourra plus régler les conflits de manière pacifique… Pour 71 % de nos compatriotes, « dans les prochaines années, les citoyens n'arriveront plus à résoudre leurs désaccords de manière pacifique et auront plus souvent recours à la violence ». Selon cette même enquête, un quart des jeunes Français (26 %) revendiquent « le droit d'avoir une arme à feu pour se défendre ». Et si demain c'était le cas ?

En y réfléchissant, peut-être est-ce pour cela que, fin 2022, le ministère de l'Intérieur a appelé les Français à remettre aux policiers et gendarmes les armes en leur possession non déclarées ? Cela en fera toujours quelques-unes de moins à traîner entre de bonnes ou de mauvaises mains en cas de guerre civile… Et après, est-ce si impossible à imaginer, dans une société aussi fracturée, où tant de nos concitoyens n'en peuvent tout simplement plus ? Les détenteurs d'armes « de famille » oubliées au grenier ont même pu bénéficier de la mansuétude des autorités pour les déclarer. Plus de 100 000 armes auraient ainsi été remises aux forces de l'ordre pour destruction. Mais selon le SIA (Système d'information sur les armes) du ministère de l'Intérieur, on recenserait seulement 5 millions de détenteurs d'armes en France. Certes, la France a toujours été un pays de chasseurs. Mais selon la Small Arms Survey, projet de recherche de l'Institut de hautes études internationales et du développement de Genève, on recenserait en fait plus de 12 millions d'armes entre les mains de civils en France. De quoi placer l'Hexagone à la 24e place mondiale en termes de ratio d'armement, avec 19,6 armes pour 100 habitants. Bien sûr, ces armes sont le plus souvent bien à l'abri quelque part dans les campagnes. Imaginons un instant que, demain, entre milices et autodéfense, certaines de ces armes non déclarées s'invitent en ville, entre les mains de citoyens ne faisant plus confiance à l'État pour assurer leur sécurité. Que resterait-il alors de notre société, métamorphosée en un nouveau Far West ?

En France, la quasi-totalité des indicateurs de la délinquance enregistrée étaient encore en hausse en

2022 par rapport à l'année précédente. Si je devais lister les échecs et les points faibles des derniers quinquennats présidentiels en France, je pense que c'est cette question de la sécurité des Français, de plus en plus relative, que je placerais en tête de liste. Bien sûr, c'est subjectif, mais j'ai au moins 14 bonnes raisons de le penser, une par fracture au visage. On peut même dire que le sujet m'obsède, et je ne m'en cache pas. C'est sans doute parce qu'il me scandalise. Peut-être que j'éprouve aussi une forme de honte *a posteriori*, que je m'en veux également de n'avoir pas perçu avant, durant près d'un demi-siècle, la peur de toutes ces femmes autour de moi. Une crainte quotidienne, omniprésente, intégrée. Il aura fallu assister moi-même à une agression, puis en être victime à mon tour, pour comprendre le poids de ce qu'elles vivent au quotidien. Chaque jour, à chaque heure, dans leur vie quotidienne, à chacun de leur trajet, chaque fois qu'elles sortent de chez elles pour aller travailler, faire des courses, se promener. Dans la jungle urbaine, pour certains esprits primaires, les femmes sont et demeurent des proies, des cibles potentielles pour assouvir telle ou telle frustration. Certes, me direz-vous, ce n'est pas la priorité du moment, quand le monde vient de passer à deux minutes chrono d'un holocauste nucléaire entre Russie et Occident. Mais même avant le retour de la guerre en Europe, et de l'inflation, la question de la sécurité était sciemment occultée par ceux qui nous gouvernent. On remet le couvercle sur la cocotte, et on espère que la pression sociale ne le fera pas sauter. Tout cela, bien sûr, histoire de ne pas faire le jeu des extrêmes, vous comprenez ? Si j'en crois la composition actuelle de l'Assemblée nationale, c'est raté. Et à la fin de l'histoire, ce sont les victimes qui trinquent, et les femmes en première ligne. Allez leur expliquer qu'on ne peut se soucier de prendre leur défense, de les protéger, de peur de porter l'extrême gauche ou l'extrême droite au pouvoir. La meilleure solution pour lutter contre les extrêmes, en fait, c'est tout simplement de réellement résoudre les problèmes. En 2020, dans un entretien au *Figaro*, Gérald Darmanin déclarait : « Il faut stopper l'ensauvagement d'une certaine partie de la société. » Pour le ministre de l'Intérieur, « nous assistons à une crise de l'autorité. [...] Il faut réaffirmer l'autorité de l'État, et ne rien laisser passer ». Où en est-on, des années après ? Strictement au même point.

ÉPILOGUE

Retrouvailles

Ce 13 novembre, ce jour-là, n'appartient à jamais qu'à moi, à ma famille, et aussi à une jeune femme dont j'ai longtemps oublié jusqu'au prénom. Jusqu'à ce que je la revoie enfin, finalement, cinq ans (à quelques jours près) après cette Concorde rouge. C'est via Facebook que j'ai repris contact avec elle. Mais le temps et le Covid étaient passés par là, et nous avons mis bien du temps avant de finir par oser trouver un moment pour nous recroiser. Chacun sa vie après tout, nous n'avions qu'une agression en commun. Tout et rien à la fois. Pourquoi avais-je voulu la revoir ? Je pense que je tenais absolument à deux choses : d'abord à être sûr qu'elle ne s'en voulait pas pour ce qui m'était arrivé, qu'elle ne s'en sentait pas coupable. S'il devait y avoir un responsable, c'était l'agresseur, mais c'est tellement humain de s'en vouloir à tort dans de telles circonstances. Ensuite, je voulais aussi être sûr qu'elle avait encaissé le choc d'avoir vu cet homme me mettre KO et me fracasser la tête.

Je ne vous dirai rien d'elle, car sa vie n'a pas de raison de changer, si ce n'est pas elle qui l'a décidé. Nous avons fini par nous fixer rendez-vous un midi, en plein Paris. Je suis allée l'attendre à la sortie de son bureau. Elle était là, en vrai, et la reconnaître était une évidence, tant elle n'avait au fond pas changé en cinq années. En la revoyant, j'ai l'impression qu'elle avait toujours le même âge, environ 25 ans. Un coup à passer éternellement pour la petite jeune du service aux yeux de ses collègues de travail… Nous sommes allés déjeuner dans un restaurant italien qu'elle connaissait, à deux pas. Une trattoria adorable façon atelier, un petit bout d'Italie dans un coin de quartier où manger ensemble en toute intimité et sans décorum. Et discuter, bien sûr, enfin. Ce que nous n'avions guère eu l'occasion de faire ce soir-là, même si elle se rappelait que je lui avais parlé de l'anniversaire prochain de mon fils. Je n'en avais strictement aucun souvenir. « J'étais aussi avec toi dans le camion de pompiers quand tu es sorti du métro », m'a-t-elle dit. « Tu n'étais pas capable de leur donner ton nom tellement tu étais sonné. » Elle avait alors même demandé à être contactée pour avoir de mes nouvelles, savoir où j'étais emmené, à quel hôpital, pour venir me voir. « Mais on m'a dit que c'était impossible car je n'étais pas de la famille. » Quant au message qu'elle avait laissé à mon intention, personne ne me l'a jamais transmis. C'est aussi cela, une agression : on ne vous dit rien, alors que vous auriez pu ne pas affronter cela seul. Pourtant, se faire tous les deux agresser le même soir par la même personne, cela crée un lien, un lien profond, hors du commun, d'une certaine façon. Quel temps perdu, pendant lequel elle aura, hélas, cru que je ne voulais pas qu'elle me recontacte. Que je lui en voulais, peut-être ?

En en reparlant enfin, nous avions tous les deux un regard assez similaire sur ce qui n'avait pas eu lieu, plus encore que sur ce qui avait lieu : un an plus tard, elle avait trouvé un numéro à contacter au sein de la RATP. « Et tu as eu quelqu'un ? » « J'ai tenté de les appeler à plusieurs reprises, mais je n'ai jamais eu personne. » Elle n'aura d'ailleurs pas eu plus de nouvelles de la police, alors qu'elle aussi avait porté plainte. Décidément, à quoi bon porter plainte ? C'est aussi elle qui m'a appris ce jour-là que les caméras du si long et grand couloir où s'était déroulée notre agression étaient surtout là pour dissuader, mais que certaines ne fonctionnaient pas en réalité, selon la police. En tout cas, je n'ai sincèrement pas eu l'impression qu'elles aient beaucoup contribué à dissuader, ou à identifier, notre agresseur ! De ce soir-là, elle se souvenait encore de la véhémence de cet homme, du silence après l'avoir entendu nous insulter de loin. Puis de toute cette scène sanglante juste devant elle, vécue comme au ralenti... Elle non plus ne l'a pas vu venir, mais revoit encore les images comme si c'était hier. « Il est arrivé par-derrière et il a littéralement sauté pour te porter un coup à la tête en descendant, de toutes ses forces, avec à la fois sa bouteille et son poing. Tu es tombé au sol, et il a continué à te donner des coups de pied dans la tête. Alors je me suis couchée sur toi pour te protéger, et il m'a donné plusieurs coups de pied dans le dos. Alors j'ai crié "S'il vous plaît, quelqu'un peut nous aider ?" Mais personne n'a réagi. Et à un moment, il s'est arrêté. Il a fui en courant, et je voyais les gens s'écarter sur son passage pour le laisser s'enfuir. » Seul un trio d'usagers baraqués tentera de le rattraper, mais en vain, avant qu'il ne sorte de la station et disparaisse à jamais.

Elle s'en sera finalement sortie avec de mauvais souvenirs et de bons bleus dans le dos. Comment retrouver le sommeil après avoir assisté à une telle scène ? Elle aura mis un bon moment pour encaisser le choc. Comme pour moi, elle aussi en aura parlé avec ses proches. Certains auront franchement reconnu qu'ils n'oseraient pas intervenir dans une situation pareille. Comment ne pas les comprendre, après tout ? C'est à ce moment que j'ai réalisé quelque chose d'essentiel que je n'avais jamais su au sujet de mon agression : on m'avait clairement fait comprendre que j'étais passé à un coup de pied dans la tête près de la morgue. Mais, depuis le début, je me trompais en partie. Comme dans les dernières enquêtes de Daniel Craig, alias le grand détective Benoit Blanc, il fallait revoir la même scène sous un autre angle pour enfin connaître la vérité : ce soir-là, en fait, ce n'était pas moi le héros. C'était elle qui m'avait sauvé la vie. Et pourtant personne ne l'a jamais remerciée pour cela. Pas même moi. C'est elle, l'héroïne. Une héroïne bien consciente des dangers de Paris : elle s'était déjà fait délester de son smartphone et de son sac, et une de ses connaissances avait reçu un coup de couteau dans le métro, m'a-t-elle appris…

Un soir, tard, à Châtelet, il n'y a pas si longtemps, c'est elle qui, cette fois, est intervenue. « C'était une jolie jeune fille, en minijupe et cuissardes. Et j'ai remarqué un homme qui la regardait de loin. Il s'est dirigé vers elle et il l'a abordée, avant de lui prendre le poignet en la bloquant contre le mur et en lui disant : "Maintenant tu me suis là-bas, tu n'as pas le choix." J'ai couru vers elle, en disant : "Je te cherchais partout, tu étais où ?" et en lui faisant un câlin. Et j'ai regardé le mec, lui ai dit : "Par contre, tu as deux minutes pour bouger, car j'avais mon portable et j'ai déjà appelé les flics." »

C'était la réaction parfaite pour éviter qu'une femme de plus se fasse agresser. Elle avait protégé cette jeune fille, comme elle m'avait protégé, cinq ans plus tôt. Parce qu'il arrive un moment où les victimes passent à leur tour de l'autre côté du miroir, et se métamorphosent en anges gardiens.

REMERCIEMENTS

Merci à Anne, mon épouse, Paul-Marie, Jean-Malo, Corentin et Klervi, mes enfants, toute ma famille, pour m'avoir toujours soutenu malgré mon sale caractère, qui ne s'est pas arrangé avec tout cela. À mes amis et à mes collègues du *Point* qui ont été géniaux de gentillesse au pire moment. À mes avocats, si impliqués, sans qui je ne m'en serais jamais sorti, perdu dans les méandres administratifs et judiciaires. À mon chirurgien, qui a vraiment fait des miracles. Et bien sûr à mon éditeur, qui aura permis que cette première aventure éditoriale prenne forme (presque) sans douleurs.

TABLE DES MATIÈRES

#lisez!
engagé
www.lisez.com
Pour plus d'information :
Imprimé sur du papier issu de forêts gérées durablement.

Cet ouvrage a été achevé d'imprimer sur Roto-Page
par l'Imprimerie Floch à Mayenne en avril 2023
N° d'édition : 17491/01 – N° d'impression : 102544
Imprimé en France